W0403664

LA GESTION DU STRESS

50 exercices de respiration pour mieux gérer ses émotions

© 2023, Éditions Solar
Tous droits de traduction, d'adaptation et de reproduction
par tous procédés, réservés pour tous pays.
ISBN : 978-2-263-18362-1
Code éditeur : L18362
Dépôt légal : septembre 2023

Retrouvez-nous sur www.lisez.fr

Solar, un département d'Édi8

YVAN CAM

LA GESTION DU STRESS

50 exercices de respiration pour mieux gérer ses émotions

SOLAR
EDITIONS

PRÉFACE

Depuis William James et jusqu'à Antonio Damasio, personne n'a pu concevoir une émotion sans expression corporelle. La plupart de nos pensées, sentiments et actions se produisent inconsciemment dans le corps à travers des processus biochimiques, neuronaux, métaboliques, végétatifs et biomécaniques. Et c'est la respiration qui joue un rôle clé dans tout cela. La respiration est la seule fonction physiologique qui soit à la fois volontaire et automatique, c'est donc l'interface parfaite entre le corps, les émotions, l'esprit. Le cycle respiratoire n'est pas seulement influencé par les émotions mais il agit lui-même sur les émotions dans une relation à double sens entre le corps et l'esprit. Ce contrôle respiratoire nous permet de retrouver l'équilibre lorsque nous sommes confrontés à des situations stressantes, qu'elles soient externes ou internes, tant sur le plan physique, mental et émotionnel. La respiration contribue à notre santé d'une façon qui va bien au-delà de la connaissance explicite que nous avons du fonctionnement du corps humain.

Reboot...une réinitialisation. Un processus ascendant qui va réactiver les schémas moteurs et les modes de pensée les plus efficaces. La théorie du système limbique, considérant qu'il est le centre des émotions, est simple à comprendre. Mais elle est fausse en ce sens que c'est une théorie de la topographie, du centre nerveux, qui se dissipe à mesure de la découverte des réseaux de neurones. En réalité, l'architecture de ces réseaux montre qu'ils sont connectés très loin en périphérie, ce qui nous oblige à repenser le concept de cerveau des émotions pour y inclure les tissus musculaires, conjonctifs et viscéraux. La composante corporelle des émotions est bien plus puissante que la composante cognitive. Plusieurs études réalisées en imagerie par résonnance magnétique fonctionnelle du cerveau ont conclu que lors d'une émotion, les réponses du corps induites par le système nerveux autonome précèdent la sensation des émotions elles-mêmes.

Le stress non maîtrisé a des effets à long terme qui affectent la qualité de vie et la santé. L'être humain est le seul mammifère capable d'endurer un stress pendant plusieurs dizaines d'années, et ses stratégies d'adaptation passent essentiellement par le mental. Les territoires corporels laissés à l'abandon de la conscience, de la respiration et du mouvement se figent et se dissocient. À l'inverse, chez l'animal, les comportements de fuite ou de lutte rétablissent très vite leur fonctionnement normal, et cette capacité d'adaptation rapide passe par le corps.

De plus en plus d'arguments neuroscientifiques plaident pour une psychologie somatique. L'amygdale joue un rôle central dans la peur et l'agressivité, et elle contient la mémoire inconsciente des émotions. Elle se manifeste par des réponses corporelles telles que l'accélération du rythme cardiaque, la libération d'hormones du stress, une augmentation de la pression artérielle et de la contraction musculaire. De son côté, l'hippocampe stocke la mémoire consciente des situations dangereuses ainsi que les stratégies pour y échapper. Si la charge émotionnelle est forte, le souvenir sera profondément mémorisé, l'activation de l'amygdale renforçant celle de l'hippocampe. Voyons en quoi l'amygdale, l'émotion et la respiration sont liées. L'amygdale génère une activité électrique spécifique qui provoque de l'anxiété liée à la respiration. Elle est connectée à de nombreuses parties du cerveau dont la substance grise périaqueducale (SGPA). La SGPA latérale est impliquée dans les réactions de fuite ou de lutte, avec augmentation de la fréquence respiratoire et elle est responsable de la sensation d'essoufflement. L'activation de la SGPA ventromédiale entraîne des réactions somatomotrices (immobilisation ou « freezing ») et viscérales (respiration lente, dyspnée, ralentissement du rythme cardiaque dû au nerf vague non myélinisé, analgésie). La SGPA intègre la perception de la menace avec les mécanismes de contrôle de la respiration. Elle est étroitement liée au générateur bulbaire de la respiration, et on a identifié des groupes de cellules de l'inspiration et d'autres de l'expiration. On voit qu'à travers cette structure, il existe un point de convergence entre la respiration et la gestion du stress, des émotions et de la douleur. Parallèlement, l'insula reçoit des informations en provenance des structures internes du corps, y compris les muscles, les articulations et les viscères, ce qui contribue à la façon dont nous ressentons physiquement les émotions.

Un autre aspect où la respiration et les émotions se rejoignent est le système nerveux parasympathique. Il est maintenant admis que c'est lui qui joue un rôle de régulateur dans la réactivité et la vulnérabilité au stress. Une vulnérabilité chronique au stress se caractérise par un tonus parasympathique, vagal, abaissé de façon prolongée (sans être obligatoirement accompagné d'une réaction sympathique). Les connexions étroites du nerf vague influencent de façon très puissante émotions et cognition. Un tonus vagal élevé est associé à une meilleure régulation émotionnelle, de meilleures relations sociales ainsi qu'une plus grande capacité à faire face au stress, à un état d'esprit plus positif, à des capacités cognitives augmentées telles que l'attention, la mémoire de travail et la vitesse d'exécution. Sur le plan anatomique, les neurones vagaux (myélinisés) cardiaques du noyau ambigu sont très proches des neurones impliqués dans la respiration. Ils régulent la fonction cardiaque en la synchronisant avec le cycle respiratoire. Ainsi, quand la fréquence respiratoire ralentit, l'activité vagale augmente automatiquement. Chez les personnes souffrant de troubles émotionnels, ce mécanisme central de déclenchement de la respiration est déréglé, mais en s'entraînant à certains motifs respiratoires spécifiques décrits dans ce livre, on peut réinitialiser le mécanisme en renforçant le tonus vagal. L'exercice physique régulier est un autre moyen de réduire le stress en modulant la réactivité de l'amygdale. La contraction musculaire provoque des modifications de l'homéostasie, favorisant en retour des réponses adaptatives, augmentant la résilience globale face au stress et empêchant l'activation de l'état émotionnel négatif lors de souvenirs douloureux. Modifier les émotions en changeant de motif respiratoire ouvre de très nombreuses applications qui sont détaillées dans ce livre.

Dans une démarche de démédicalisation de la santé, la respiration devient incontournable. Elle modifie les connexions neuronales de la réaction au stress. Les positions assises prolongées, les micro-apnées génèrent des tensions psychiques et corporelles considérables, sans que nous en soyons conscients. Le travail respiratoire, du mouvement et de la posture justes permettent d'éviter que les signaux de stress ne parviennent au cerveau. Rapides, profonds, durables, efficaces. Tels sont les qualificatifs des changements obtenus grâce à la méthode de respiration REBO$_2$T. L'auteur explique brillamment comment la respiration est le lien essentiel entre le corps et l'esprit, et que sans une respiration adéquate, il est impossible de maintenir une stabilité physique et émotionnelle à long terme. Nos émotions façonnent notre posture, et en retour, notre posture génère des émotions, et c'est l'axe respiratoire qui tient l'ensemble. Il est impossible de calmer l'esprit et d'équilibrer les émotions si le corps est tendu et bloqué car il existe une correspondance presque parfaite entre les tensions de l'esprit et les tensions du corps. La courbature musculaire a son équivalent mental. Il est beaucoup plus important de comprendre cela que ce que nous pourrions imaginer. Dans cette approche psychocorporelle, il ne s'agit pas d'apprendre de nouvelles techniques, mais plutôt d'optimiser la respiration pour désapprendre les schémas moteurs et posturaux indésirables, et libérer le corps et l'esprit des tensions, des peurs, des réactions incontrôlées et de blocages accumulés. Et c'est difficile car un adulte n'a pas l'habitude de revenir en arrière. Apprendre quelque chose de nouveau est toujours plus simple que de se débarrasser de l'ancien.

Beaucoup de thérapies centrées sur les émotions et la psychologie ne réalisent pas que leurs effets bénéfiques sont temporaires. Elles ne libèrent pas les tensions profondes et inconscientes du corps, qui sont complètement ignorées. Il en sera ainsi tant que le corps, par le moyen de la respiration, sera exclu de l'espace thérapeutique. En attendant, les tensions cachées continueront de dominer le sujet, d'altérer sa physiologie, de modifier sa posture, d'agiter ses pensées. Ne pas y croire ne changera rien. Nul ne peut échapper aux tensions du corps à moins d'en prendre conscience, car ne pas en avoir conscience est une façon de les protéger. Mais la simple prise de conscience ne suffit pas. C'est grâce à la respiration que l'on peut sortir de cette spirale. On a déjà trop tardé à accepter cette vérité. Ce n'est pas seulement la bienveillance et la psychologie positive qu'il faut développer, c'est aussi la compétence en résolution de problèmes en impliquant le corps et la respiration. L'action n'est pas la réflexion. Abandonnez les théories et l'abstraction et concentrez-vous sur la pratique. Cependant, cela ne signifie pas accumuler simplement des techniques. Le livre d'Yvan Cam permet réellement d'accélérer l'apprentissage de la respiration car il offre une vision globale et un système cohérent, validés depuis des années dans les arts martiaux, le sport et la santé physique et émotionnelle. Le problème de nombreuses techniques de gestion du stress est le manque de retour et d'évaluation mesurable des progrès et de l'efficacité de la technique utilisée. Les critères objectifs de la méthode $REBO_2T$, ainsi que les bénéfices concrets obtenus rapidement, renforcent l'engagement. Cet aspect motivationnel est déterminant pour la compliance des personnes envers le programme de respiration. Pour ceux qui ont du mal à adhérer à une approche psychologique, avec des difficultés de verbalisation, l'approche par la respiration et le corps en général est plus accessible et favorise une meilleure adhésion.

D'une efficacité remarquable, la méthode $REBO_2T$ offre une perspective à 360° sur la physiologie, depuis le somatique jusqu'au spirituel. Elle permet une profonde restructuration du corps et de l'esprit. Tous mes patients qui l'utilisent peuvent en témoigner, car elle éclaire d'un jour nouveau les mécanismes de somatisation. La première étape de ce travail consiste à identifier et reconnaître ses peurs. Il est incroyablement difficile d'admettre que l'on a peur, et très peu de personnes sont capables d'une telle honnêteté. Lorsque l'esprit se concentre sur la gestion de la respiration, il n'est plus disponible pour nourrir la peur. Ensuite, par un travail régulier sur la respiration et le mouvement, chaque couche de peur et de tensions inutiles est éliminée du corps et de l'esprit, créant ainsi des espaces de liberté et de bonheur supplémentaires. Une fois intégrée, cette respiration vous permettra, à chaque cycle inspiration et expiration, plusieurs milliers de fois par jour, de relâcher automatiquement les tensions musculaires liées au stress, d'améliorer votre posture, votre physiologie et d'harmoniser vos émotions. Le programme de respiration REBO$_2$T gagne en popularité auprès du grand public et des professionnels. Ses exercices de respiration l'installent définitivement comme acteur majeur de la relation corps-esprit. Ils ouvrent des perspectives prometteuses en complément des traitements des pathologies physiques et mentales.

On nous a dit que toutes les ressources étaient en nous, c'est vrai, mais personne ne nous a dit comment y accéder. Il faut que vous soyez prêt à un travail de relâchement du corps par la respiration afin d'accéder au calme de l'esprit par le calme du corps.

Le livre d'Yvan est là pour vous y aider.

Dr Philippe Pencalet
Neurochirurgien, docteur en neurosciences,
instructeur REBO$_2$T
Auteur du livre
Hypnose et auto-hypnose pour soulager la douleur
éditions Albin Michel

AVANT-PROPOS

Nous sommes nombreux aujourd'hui à mal dormir. À nous sentir fatigués. À vouloir faire de plus en plus d'activités de plus en plus vite sans jamais s'arrêter. Nous sommes nombreux à faire des burn-out, une maladie quasiment inconnue il y a encore cinquante ans, des maladies étranges et mal définies apparaissent, tandis que les crises cardiaques et les cancers touchent à peu près tout le monde à un moment donné. Je ne parle même pas des troubles musculosquelettiques qui font que les kinésithérapeutes ne sont pas près d'avoir moins de travail. On peut chercher des dizaines de raisons différentes à cela mais peut-on réellement établir une causalité directe ? Est-ce que vraiment, trop de dossiers à traiter peuvent conduire à une crise cardiaque ?

En fait, il y a un lien à tous ces problèmes. Une réponse physiologique à l'adaptation qui nous permet de survivre mais qu'il lorsqu'elle est déréglée peut provoquer un emballement du système pouvant mener à tous ces types de problèmes. Ce lien, c'est le stress.

Le stress n'est pas vraiment un inconnu pour le grand public. C'est un sujet qui a été traité un grand nombre de fois et tout le monde cherche à s'en prévenir ou à mieux le gérer. Alors pourquoi écrire encore un livre sur le sujet ? Il y a plusieurs raisons à cela. Le stress est souvent abordé par le prisme des disciplines issues de la psychologie et avec raison. Ces disciplines amènent leur lot de stratégies et de techniques pour mieux vivre avec le stress. Or le stress malgré une vraie composante psychologique est avant tout un processus physique. Il y a donc la place pour réfléchir au stress d'un point de vue physique, corporel et mécanique.

Surtout, il est intéressant de réfléchir à une vision globale du stress et de son impact pour la santé afin de mieux le prévenir ou l'utiliser.

Et quoi de plus global que la respiration pour aborder cela ? La respiration affecte le système nerveux, le système hormonal, la biomécanique ou encore le système immunitaire. Par conséquent, une approche basée sur la respiration permet de travailler sur tous ces aspects à la fois, donnant une vision réellement holistique de la gestion du stress.

Bien sûr, la respiration pour gérer le stress est souvent abordée, par exemple après une montée de stress, on reprend son souffle ou on ralentit notre respiration pour nous calmer. Cependant, l'utilisation de la respiration pour se calmer est généralement limitée à un travail sur le système nerveux autonome. De plus, cette approche peut être inefficace pour des raisons qui seront expliquées plus tard dans le livre.

Ayant souligné l'intérêt de réaborder le sujet du stress par le prisme de la respiration, voyons l'objet de ce livre. Mon objectif est de proposer une approche fonctionnelle de la gestion du stress en utilisant la respiration sous de nombreuses formes différentes. Je vais vous apprendre non seulement à gérer votre stress, mais également à agir sur différents aspects de votre santé générale en modifiant votre respiration. En effet, si votre respiration peut changer votre fonctionnement, un mauvais fonctionnement peut également affecter votre respiration et avoir des effets délétères.

N'est-ce pas une digression de s'intéresser à la santé en général quand le sujet est le stress ? Eh bien non, car le stress affecte l'ensemble de notre santé et inversement, l'ensemble de notre santé influe sur notre niveau de stress. Il semble donc logique d'aborder ce problème de façon globale.

Pour ce faire, ce livre sera divisé en plusieurs parties. La première partie posera le cadre théorique sur lequel cette méthodologie est construite. Elle abordera des questions telles que : qu'est-ce que le stress, comment fonctionne-t-il, quels sont les déclencheurs connus et moins connus, et comment la respiration peut agir sur ces mécanismes ? Tous ces éléments sont importants pour comprendre pourquoi nous utilisons la méthodologie proposée ici.

La deuxième partie traitera des méthodes de respiration classiques pour la gestion du stress. Vous découvrirez qu'il en existe beaucoup, mais qu'elles ont besoin d'éléments supplémentaires pour avoir un effet durable.

La troisième partie montrera comment se préparer efficacement pour travailler sur le stress avec notre méthodologie. Enfin, la dernière partie détaillera comment articuler tous ces éléments pour ne plus être sujet au stress en seulement trois mois.

Comment utiliser ce livre ? Si vous souhaitez comprendre pourquoi le stress vous affecte et comment notre méthodologie peut y répondre, suivez simplement le texte. Si vous cherchez une solution ponctuelle à un problème spécifique, vous pouvez piocher dans la liste des exercices de la deuxième partie, mais gardez à l'esprit que l'effet sera limité et ponctuel. Si vous voulez avoir une réponse durable au stress, suivez le programme général sur trois mois en vous référant aux exercices recommandés.

Toute la méthodologie employée dans ce livre est tirée de la méthode REBO_2T. Cette méthode, basée sur le travail de la respiration, permet d'influencer le corps dans son ensemble. J'ai décrit l'origine de cette méthode dans le livre *La Maîtrise du Souffle*. Le stress entre donc naturellement dans le cadre de l'utilisation de cette méthode. Si vous souhaitez en savoir plus sur la respiration et ses bases biologiques, je vous recommande de lire ce livre. Dans ce livre sur la gestion du stress, je ne reviendrai que sur les concepts nécessaires à la compréhension de cette méthode.

Ceci étant dit, passons maintenant au vif du sujet. Je vous souhaite une bonne lecture et surtout, une bonne pratique.

INTRODUCTION

À mon sens, il est indispensable de comprendre le stress si l'on souhaite modifier notre rapport à ce dernier. Cette compréhension permet de cibler précisément les leviers que l'on peut activer pour le contrôler. Paradoxalement, bien que tout le monde fasse l'expérience du stress, les déclencheurs ne sont pas toujours ceux que l'on imagine. De plus, les réactions au stress sont souvent moins évidentes que ce que l'on pense généralement. C'est pourquoi nous allons maintenant explorer ensemble ce que l'on sait vraiment du stress.

1. Comprenons le stress en examinant l'histoire de son étude

Lorsque je parle de stress, mes interlocuteurs me ramènent souvent au domaine de la psychologie. Cependant, c'est dans le domaine de la biologie que le stress a été initialement décrit par des scientifiques de renom. Darwin, dans *De l'origine des espèces*, écrit que seuls les organismes capables de s'adapter à un environnement changeant survivent. Claude Bernard, médecin et physiologiste français, explique dans son *Introduction à l'étude de la médecine expérimentale* que l'adaptation d'un organisme à un environnement changeant est possible en maintenant son « milieu intérieur » stable et constant (Bernard 1898). Walter B. Cannon, quant à lui, a défini le concept d'homéostasie sur la base de la théorie de Claude Bernard.

Dans son livre *La sagesse du corps*, Cannon décrit le premier concept de cette adaptation en parlant de réponse au stress (Cannon 1932). Cette réponse repose sur des réactions biologiques ainsi que sur le rôle des hormones, qui ont émergé à cette époque dans la connaissance scientifique. Il a mené des expériences en étudiant la physiologie des soldats en état de choc appelé à l'époque « obusite », qui touchait environ 10 % des soldats (Mitchell 1931). Au cours de ces observations, il a remarqué que les propriétés de la circulation sanguine changeaient chez ces soldats suite à une expérience traumatique. Il a ainsi proposé la définition du choc traumatique et a suggéré le rôle des hormones dans cette réponse en introduisant l'idée d'un système « sympathico-adrénergique » (Landis 1930).

Pour résumer, à ce stade, selon les travaux de Darwin, Claude Bernard et Cannon, tous les organismes sont soumis à des changements permanents, ce qui engendre des contraintes sur leur milieu intérieur. Ces changements permanents entraînent des contraintes sur le milieu intérieur et l'organisme pour survivre doit être capable de maintenir son homéostasie. La réponse au stress est alors induite pour y parvenir.

La réponse au stress est donc le mécanisme d'adaptation aux changements de l'environnement permettant de maintenir l'homéostasie.

Il convient de noter une différence entre William Cannon d'une part, et Charles Darwin et Claude Bernard d'autre part. Contrairement à ces deux derniers, qui ne prenaient pas en compte l'aspect psychologique du stress, Cannon a défini certains aspects psychologiques dans cette réponse, popularisée par le modèle « Fight or Flight ». Ce modèle explique que, en présence d'un danger au sein d'une même population, la réponse au stress poussera certains individus à fuir, tandis que d'autres se battront. Ce modèle a été élargi par d'autres auteurs, de façon plus ou moins solide, qui ont notamment ajouté la réponse de « Freeze » (rester tétanisé par Levine [Levine and Sorensen 2017]) et celle de « Fawn » (la tentation de séduire un agresseur pour éviter le conflit de Pete Walker [Walker 2013]) ou même le « Flop » (dissociation et avoir le corps « mort »).

Ces trois biologistes ont découvert et décrit la nécessité du mécanisme de stress. Toutefois, Hans Selye est considéré comme le père de la recherche moderne sur le stress. Il a emprunté le terme « stress » à la physique et le définit comme l'ensemble des forces, qu'elles soient physiques ou psychologiques, qui exercent une contrainte sur n'importe quelle partie de l'individu. En revanche, Cannon s'est intéressé au stress aigu, alors que Selye a également étudié le stress chronique.

« Le stress dans la santé ou la maladie
est médicalement, sociologiquement
et philosophiquement le sujet ayant le plus de sens
pour l'Humanité auquel je peux penser. »
Hans Selye (1907-1982)

Hans Selye est le créateur du modèle du syndrome d'adaptation générale au stress (aussi appelée « GAS » *theory* pour *General Adaptation Syndrome*) issu d'une étude publiée dans Nature en 1936 (Selye 1998). Ce modèle décrit la mise en place d'une adaptation générale au stress lors de changements de température, d'efforts musculaires ou d'accès à la nourriture.

Le modèle décrit qu'il existe trois phases dans la réponse au stress pour une adaptation sur le long-terme.

La première phase est la phase d'alarme :

Dans cette phase, l'individu met en place une réponse rapide via le système nerveux autonome permettant une redirection des ressources du corps vers l'adaptation au stress.

Cette phase commence par la perception de la menace sur l'état homéostatique (ex : du froid). L'organisme va d'abord évaluer l'intensité de la réponse à ce stress. En fonction de cette évaluation, il va déclencher le système nerveux sympathique qui libère l'adrénaline (et la noradrénaline). Ceci entraîne une augmentation du rythme cardiaque, de la tension artérielle, de la respiration et du métabolisme. C'est ce qui permet l'adaptation du corps.

En parallèle, du cortisol va être libéré ce qui a pour conséquence de favoriser le catabolisme, de supprimer le système immunitaire et de libérer du glucose, toujours dans le but d'apporter un maximum d'énergie à la réponse. Ce cortisol est également l'hormone qui permettra d'arrêter la réaction.

C'est au cours de cette phase que la réponse de combat ou fuite (ou autres...) se manifestera.

Cette phase est normale et souhaitable afin de pouvoir nous adapter. Cependant, lorsque le stress devient chronique ou en cas de non-adaptation du corps, on bascule vers la deuxième phase du GAS.

La deuxième phase est la phase de résistance :

Lorsque le stress perdure après la phase d'alarme, une réponse plus lente se met en route. Cette phase vise à faire face à un stress persistant. La stratégie générale va donc changer. Le corps ici essaie d'atténuer avant tout les effets du stress sur la santé tout en cherchant un nouvel état d'équilibre sur le long terme.

Pour ce faire, la réponse initiale, trop énergivore va être diminuée. Le système parasympathique est activé, ramenant le corps à un état plus calme. Le système immunitaire est activé pour lutter contre l'apparition d'infections potentielles. Le corps continue néanmoins à mobiliser ces ressources pour répondre au stress. À terme, cela peut provoquer de la fatigue, une baisse des performances cognitives et physiques et une diminution de la motivation. L'hormone responsable du maintien de cet état est le cortisol.

C'est au cours de cette phase que l'on a retrouvé la majorité des méthodes de gestion du stress qui seront utiles à court-terme pour passer le cap. Cependant, elles coutent de l'énergie à mettre en place et deviennent inutiles si l'agent stressant persiste.

Si l'organisme parvient à s'adapter, le processus s'arrête à cette étape. Il reviendra à un état homéostatique et pourra récupérer. Par contre, si le stress persiste, on bascule vers la dernière phase du GAS.

La troisième phase est la phase d'épuisement :

Si l'exposition au facteur stressant est maintenue sur le long terme et qu'aucune adaptation n'a été faite, alors le corps entre dans cette dernière phase. Les capacités d'adaptation sont alors dépassées, ce qui entraîne une baisse des mécanismes de résistance et une dégradation de l'état physique et mental. Ceci est lié principalement à l'épuisement des ressources corporelles disponibles pour faire face au stress. Cette phase est donc l'indicateur que l'organisme a atteint ses limites.

Énergétiquement, le corps ne produit plus assez pour maintenir les mécanismes de réponse au stress. Il y a alors un épuisement qui se manifeste par de la fatigue chronique, une faiblesse physique et cognitive. Le système immunitaire se met à dysfonctionner à cause de l'exposition prolongée au cortisol. L'organisme est alors non seulement plus vulnérable aux pathogènes mais aussi aux troubles auto-immuns. Cette présence chronique de cortisol déstabilise aussi l'équilibre hormonal. Il peut y avoir alors des problèmes endocriniens et métaboliques provoquant la prise de poids, les troubles du sommeil, la dépression et l'anxiété. L'ensemble de ces problèmes favorise l'apparition de problèmes de santé chroniques de types maladie cardio-vasculaires, troubles gastro-intestinaux ou douleurs chroniques.

En parallèle de ces phénomènes physiques, il y a aussi une dégradation de l'état psychologique. La phase d'épuisement est ainsi corrélée à une détresse émotionnelle accrue, des sauts d'humeur, de l'anxiété, de la dépression... Tout ceci peut conduire finalement au burn-out.

Lorsque la personne est dans cette phase, la seule solution est d'éloigner la source de stress et de favoriser des approches facilitant la récupération.

En plus de la théorie du GAS, Selye est l'auteur d'un autre apport majeur sur le sujet du stress : l'identification du fameux axe hypothalamo-hypophyso-surrénalien (HPA) et les hormones associées. Un de ses étudiants en doctorat, Roger Guillemin, a d'ailleurs reçu un prix Nobel pour des travaux liés à cette découverte (Szabo, Tache et al. 2012). Nous reviendrons plus tard sur l'importance de cet axe dans la gestion du stress mais sachez simplement qu'il contrôle une grande partie des mécanismes impliquées dans le GAS.

Selye a également avancé deux autres idées importantes : le stress est principalement une réponse physiologique et cette réponse est non spécifique. En d'autres termes, la réponse physiologique au stress reste la même, peu importe la nature de l'agent stressant. Ce point est important puisque l'agent stressant peut être étiqueté de l'extérieur soit comme positif soit comme négatif mais physiologiquement, il se passera toujours la même chose. Cette idée a suscité un débat intense avec les psychologues, qui soulignent souvent les aspects psychologiques du stress.

Ce débat a commencé avec Cannon et William James, considéré comme le père de la psychologie américaine. James affirmait que le corps réagissait au stress en se mettant dans un état particulier, et que les émotions qui en découlaient étaient construites par le cortex qui venait ensuite pondérer la réponse au stress (James 1884). Cannon (Cannon 1987) avait réfuté cette théorie, mais aujourd'hui encore la question n'est pas entièrement tranchée.

Dans le cas de Selye, ses idées ont été critiquées car il ne prenait pas suffisamment en compte l'impact psychologique du stress. Les psychologues ont observé que les individus réagissaient différemment à un facteur stressant commun, suggérant l'existence d'une composante psychologique dans la réponse au stress.

Selye a répondu à cette critique grâce à plusieurs articles scientifiques en intégrant le fait que le stress est pondérable en fonction de facteurs de conditionnement qui peuvent en inhiber ou augmenter les effets. Cependant, ces éléments ne sont pas nécessaires au déclenchement de la réponse au stress puisque par exemple, les plantes ont des systèmes de réponses au stress qui se déclenchent sans avoir besoin d'émotions au sens animal. De plus, dans une expérience célèbre quoiqu'un peu bourrine chez le rat, en déconnectant le cortex cérébral (en le retirant, tout simplement) de l'hypothalamus, la réponse au stress devenait alors la même. Cette expérience montre que les émotions ou les conditionnements ne sont pas nécessaires à la mise en place de la réponse au stress puisqu'issues du cortex cérébral (Selye 1975). Néanmoins, il y a bien une forme de pondération par le conditionnement puisque la présence de cette connexion fait varier l'intensité des réponses à un même stress.

Richard Lazarus, psychologue et professeur à Berkeley, était un des opposants à la théorie de Selye (Lazarus 1966). Ce psychologue a énormément influencé la recherche sur le stress. Il défendait l'idée que la part psychologique du stress nécessite des outils d'études différents des outils d'études physiologiques. Lazarus pensait que la réponse au stress était unique car elle dépendait de l'éducation, des valeurs et des émotions, qui se mettaient entre l'agent stressant et la réponse au stress. Il a tenté de démontrer cela dans une expérience à l'éthique douteuse incluant des chocs électriques aux participants mais qui a tout de même fait référence (Lazarus and Eriksen 1952). Selon lui, ces éléments expliquent la grande variabilité observée dans la réponse au stress entre les individus. C'est une théorie qui aujourd'hui est largement acceptée.

Lazarus et Susan Folkman ont ensuite proposé un modèle, que Lazarus présente dans le livre *Stress psychologique et processus d'adaptation*, appelé le modèle transactionnel du stress, qui intègre la cognition et les émotions à l'intensité de la réponse au stress (Lazarus 1984). Le principe est qu'il existe une relation dynamique entre l'individu et son environnement. Ce modèle propose des évaluations primaires et secondaires des situations. Les évaluations primaires consistent à évaluer une situation donnée en regardant si :

- elle est bégnine (ex : prendre son bain) ;
- elle présente un défi (ex : aller dans un bain de glace pour publier une photo Instagram) ;
- elle porte un préjudice (ex : aller dans un bain bouillant) ou une menace (préjudice potentiel non manifesté) (ex : aller dans un bain bouillant sinon on vous tire dessus) ;
- elle est agréable (ex : aller dans un jacuzzi).

Ces évaluations permettent de pondérer le niveau de dangerosité de la situation.

Les évaluations secondaires prennent en compte les ressources à notre disposition pour répondre à la situation, mais aussi ce qu'il y a à y gagner. Par exemple, dans le cas du défi « aller dans un bain de glace », si c'est pour envoyer la photo uniquement à sa grand-mère, cela peut sembler peu intéressant. En revanche, si c'est pour avoir un bon shoot de dopamine parce que 1 000 personnes ont liké notre photo, cela devient plus motivant.

Ainsi, l'intensité de la réponse au stress dépend de ces évaluations, qui sont influencées par nos valeurs, notre expérience et nos perceptions.

Si l'on résume l'ensemble des études menées sur le stress, il apparaît que le stress n'est pas seulement un problème physiologique, mais aussi cognitif. En d'autres termes, l'intensité de la réponse générale d'adaptation de Selye est influencée par le modèle transactionnel de Lazarus. Les deux modèles se complètent donc bien et mettent en évidence l'importance de considérer à la fois les aspects biologiques et psychologiques pour comprendre et donc gérer le stress. Ainsi, ces deux théories vieilles de plus de quarante ans restent toujours la base de la recherche sur le stress bien qu'évidemment, les concepts aient été affinés et précisés.

Par la suite, la recherche s'est ouverte sur les dégâts liés au stress sur les populations et même ce qui est passé d'une génération à une autre avec entre autres les découvertes autour de l'épigénétique. En effet, la problématique du stress chronique est devenue un enjeu majeur de santé public et y remédier sollicite l'effort de nombreuses équipes de recherches tous champs confondus. Les liens environnement, stress chronique et épigénétiques peuvent avoir des conséquences majeures sur les populations.

Ainsi, on s'est aperçu que le stress pouvait influer sur notre ADN, non par mutation, mais par modification chimique pouvant entraîner un changement phénotypique visible, soit par épigénétique (Peixoto, Cartron et al. 2020). Or ces modifications peuvent être induites par la réponse au stress entraînant des pathologies et des problèmes comme le burn-out ou la dépression (Park, Rosenblat et al. 2019).

Ainsi, le stress a d'abord été vu comme une problématique physiologique, puis la composante psychologique a été introduite dans l'intensité de la réponse au stress, qui dépend de la construction de l'individu. Enfin, il est désormais compris que le stress peut modifier durablement une personne en influant sur son expression génique. Ceci a ouvert la voie à une recherche s'intéressant aux liens entre stress et environnement et mode de vie.

La conséquence est qu'une approche de gestion du stress efficace doit prendre ces paramètres en compte.

2. Les mécanismes de la réponse au stress

La réponse au stress est en fait plus complexe qu'un seul mécanisme. Bien que certaines voies soient impliquées constamment, en fonction de la phase de stress, des différences peuvent être observées. On peut distinguer trois voies principales, interconnectées. L'axe hypothalamo-hypophyso-surrénalien (HPA), le système nerveux sympathique et le nerf vague. Globalement, on peut dire que la réponse au stress peut se résumer ainsi : une activation du système nerveux sympathique, une inhibition du parasympathique et une augmentation de l'axe HPA. Voyons comment cela fonctionne.

2.1. L'axe hypothalamo-hypophyso-surrénalien (HPA)

L'axe central du stress est l'axe hypothalamo-hypophyso-surrénalien (également connu sous le nom d'axe hypothalamo-hypophyso-adrénal ou HPA ou axe corticotrope). C'est un système de communication impliqué dans la régulation de nombreux processus physiologiques, dont le stress. Il comprend plusieurs structures cérébrales et glandes endocrines qui travaillent ensemble pour maintenir l'homéostasie.

Le système de l'axe HPA comprend trois parties principales : l'hypothalamus, l'hypophyse et les glandes surrénales.

L'hypothalamus d'abord est une région du cerveau jouant un rôle clé dans la régulation de nombreuses fonctions physiologiques. Lorsque cette structure est stimulée par des signaux de stress, elle libère des hormones appelées corticotropines (CRH) qui vont activer l'hypophyse (appelée aussi glande pituitaire).

L'hypophyse ou glande pituitaire ensuite est une petite glande située à la base du cerveau. Lorsqu'elle reçoit des signaux de CRH produit par l'hypothalamus, elle libère à son tour une hormone appelée ACTH (hormone adrénocorticotrope) qui se dirige vers les glandes surrénales via le sang.

Les glandes surrénales enfin sont des glandes endocrines situées au-dessus des reins. Lorsqu'elles reçoivent des signaux d'ACTH de la glande pituitaire, elles produisent et libèrent des hormones de stress appelées corticostéroïdes, tel que le cortisol et les catécholamines (adrénaline et noradrénaline). Ces hormones vont déclencher l'adaptation du corps à proprement parlé en agissant directement sur les systèmes concernés.

Le cortisol permet de mobiliser l'organisme pour faire face à la situation stressante ([Sapolsky, Romero et al. 2000] ; [Kyrou and Tsigos 2009]). Il est impliqué dans le catabolisme des glucides, des protéines et des graisses. Il régule la glycémie en augmentant la production de glucose dans le foie et en réduisant sa consommation par les muscles. Ces modifications physiologiques permettent au corps d'avoir plus d'énergie disponible et de pouvoir soutenir un effort important. Le cortisol intervient aussi dans la régulation de la pression artérielle en augmentant la fréquence cardiaque et réduit la réponse immunitaire via un effet anti-inflammatoire. Il régule également la réponse au froid et à la chaleur. Le cortisol est normalement sécrété en quantités élevées le matin et en quantités plus faibles le soir. Cependant, de par ses effets, lorsque le stress est chronique, la sécrétion de cortisol peut être perturbée, on comprend qu'il peut avoir des effets néfastes sur la santé tels qu'une augmentation du risque de maladies cardio-vasculaires, de troubles du sommeil et de dépression. Enfin, cette hormone joue sur l'humeur et le comportement en réduisant le niveau de sérotonine (une hormone impliquée dans le bien-être et l'humeur) et en augmentant la dopamine (une hormone liée à la motivation et au plaisir). Cette modification du comportement pousse l'individu stressé à agir. Le rôle du cortisol dans la régulation de l'homéostasie, c'est-à-dire l'état de stabilité de l'organisme, face à un changement devient donc assez clair.

L'adrénaline (également connue sous le nom d'épinéphrine) est une autre hormone produite par les glandes surrénales et libérée dans le sang en réponse au stress. Elle va globalement permettre de monter de façon ponctuelle notre niveau d'énergie pour pouvoir fournir un effort physique important. Elle est produite rapidement en cas de stress aigu. Elle est la cause des symptômes comme les tremblements, la transpiration ou les pupilles dilatées. L'adrénaline augmente la fréquence cardiaque et la force de contraction du cœur, ce qui peut augmenter le débit sanguin et l'apport d'oxygène aux muscles et aux organes essentiels. Cela peut être utile en cas de danger imminent, lorsque le corps a besoin de plus d'énergie et de capacités de réaction rapide. Elle peut dilater les bronches, ce qui peut faciliter la respiration et l'apport d'oxygène au corps en cas de besoin accru. Elle peut stimuler la libération de glucose par le foie et la décomposition des glycogènes musculaires, ce qui peut augmenter les niveaux de sucre dans le sang fournissant de l'énergie supplémentaire.

Voilà donc ce qu'il se passe lorsqu'une personne est confrontée à une situation stressante et qu'elle active l'axe HPA pour produire des hormones qui aident l'organisme à s'adapter. Cette réponse est normale et utile dans certaines situations, mais si elle est prolongée ou si elle se produit de manière fréquente, elle peut entraîner des effets négatifs sur la santé mentale et physique.

Pour éviter une prolongation indésirable de l'activation de l'axe HPA, il existe une régulation par un processus dit de retro-contrôle négatif médié par les glucocorticoïdes, dont le cortisol (Jacobson 2005). Ce processus implique une action inhibitrice des hormones de stress sur l'hypothalamus et sur la glande pituitaire afin de réguler leur activité. En faisant cela, le corps maintient l'équilibre adéquat des hormones de stress et évite une surproduction ou une sous-production de ces hormones. La conséquence est que l'état de stress ne reste que tant que l'axe HPA est activé. C'est ce qui va se passer durant la phase d'alarme si on reprend les travaux de Selye ou de stress aigu tel que décrit par Cannon. Dans ce cas, cette réaction est un vrai atout pour se sortir d'une situation d'agression pour notre organisme.

Le problème est que lorsque le stress est continu et que l'on passe dans la phase de résistance, le cortisol est produit constamment (McEwen 2004, McEwen 2007). Ceci provoque petit à petit une augmentation de la tolérance à cette hormone de l'hypothalamus qui est donc de moins en moins inhibé par sa présence. Le résultat est que les surrénales produisent du cortisol en continu maintenant le corps en état de stress avec des effets délétères.

Parmi quelques exemples, le cortisol peut augmenter l'appétit et favoriser la prise de poids, en particulier au niveau de la région abdominale en perturbant le métabolisme des glucides et des graisses. Il influence la régulation de la glycémie, favorisant le développement du diabète de type 2. Enfin, il augmente également la fréquence cardiaque et la pression artérielle, favorisant le risque de maladies cardiaques. En entraînant la décomposition des protéines musculaires, il peut provoquer une perte de masse musculaire entraînant une faiblesse des muscles. L'excès de cortisol peut également perturber le cycle du sommeil conduisant à la fatigue générale et l'insomnie. Cet excès peut aussi perturber l'équilibre émotionnel et entraîner des troubles de l'humeur tels que la dépression et l'anxiété. Enfin, un le trop plein de cortisol provoque une inflammation générale favorisant de nombreux troubles de types auto-immunitaires.

La bonne nouvelle est que la respiration peut jouer un rôle important dans le rétro-contrôle de l'axe HPA. Des études ont montré que la respiration consciente et contrôlée, comme la respiration abdominale profonde, peut réduire les niveaux de cortisol et améliorer la régulation de l'axe HPA (Brown and Gerbarg 2005). En outre, la pratique de techniques de gestion du stress comme la méditation et la pleine conscience peut également aider à réguler l'axe HPA en modifiant la réponse au stress et en réduisant les niveaux de cortisol. Or, on sait que ces pratiques se basent sur un ralentissement de la respiration. Respirer pourrait permettre de casser la boucle du stress chronique.

2.2. Le système nerveux sympathique

Le système nerveux sympathique (aussi appelé orthosympathique) est l'un des trois systèmes principaux du système nerveux autonome, les deux autres étant le système nerveux parasympathique et, parfois, le système nerveux entérique (Furness 2008). Dans le contexte qui nous intéresse, il est le responsable principal de la réponse « combattre ou fuir » (réponse au stress) face à un danger (Cannon 1932). Il peut également être activé dans d'autres contextes, comme l'activité physique.

L'activation du système nerveux sympathique provoque une série de réactions physiologiques, comme l'augmentation de la fréquence cardiaque, le ralentissement de la digestion, la dilation des bronches et la libération d'adrénaline et de noradrénaline par les glandes surrénales. Autrement dit, son activation aide le corps à produire plus d'énergie pour répondre à une situation de stress.

Le système nerveux sympathique est constitué d'une chaîne de ganglions localisés le long de la colonne vertébrale. Ces ganglions sont reliés aux organes et aux muscles par des nerfs dits sympathiques. La communication s'effectue via deux neurones : le premier, dit pré-ganglionnaire, se situe dans la moelle épinière dorsale et est connecté (fait synapse) à un second neurone post-ganglionnaire dont le corps est situé dans le ganglion qui innerve la cible (Purves et al., 2001). La première connexion se fait grâce à l'acétylcholine, tandis que la deuxième se fait principalement via la noradrénaline (Westfall et al., 1997).

L'activation du système sympathique est sous le contrôle de plusieurs voies de signalisation différentes. La principale est une activation via l'amygdale qui est impliquée dans l'identification des menaces et la régulation émotionnelle. Lorsqu'un stimulus dangereux est perçu, l'amygdale envoie un signal à l'hypothalamus qui intègre les informations venant des différentes structures cérébrales pour évaluer la réponse appropriée. À ce moment-là, l'hypothalamus va envoyer des signaux aux neurones pré-ganglionnaires sympathiques via des neurones du tronc cérébral activant ainsi la cascade du sympathique.

Néanmoins, il existe d'autres voies d'activation face à un stress qui sont périphériques, c'est-à-dire ne passant pas par le système nerveux central au départ.

Une première voie provient directement de nos capteurs corporels situés dans la peau, les muscles, les fascias ou les articulations. Ces capteurs sont des récepteurs sensoriels ou mécanorécepteurs. Ils peuvent activer ce que l'on appelle la réponse axonale réflexe, qui peut être considérée comme un sous-type d'arcs réflexes. Cette réponse est liée directement à un stimulus externe (lésion liée à un coup, une brûlure, une coupure...) qui va activer un de ces récepteurs (nocicepteur en l'occurrence) qui envoie un signal au ganglion spinal qui lui-même va venir activer les neurones pré-ganglionnaires sympathiques. Cette activation provoque une réponse sympathique locale qui évite de passer par le cerveau, raccourcissant la vitesse de réaction pour sortir du danger. Par exemple, en cas de saignement, une vasoconstriction locale immédiate va se mettre en place grâce à cette expression locale du sympathique.

Parfois, cette réaction peut être dérégulée et se maintenir hors de la présence du stimulus qui l'avait déclenché en première intention. L'activation sympathique locale est alors maintenue provoquant inflammation, contraction tissulaire, vasoconstriction, tension musculaire accrue sans jamais s'arrêter. Cela peut participer à des problèmes comme la fibromyalgie, le syndrome de fatigue chronique ou le syndrome douloureux régional complexe.

Une deuxième voie périphérique concerne cette fois ce qu'on appelle le réflexe barorécepteur. Ces barorécepteurs sont localisés dans les parois des sinus carotidiens et dans l'arc aortique. Ils sentent les changements de pression artérielle. Dans ce cas, ils envoient un signal au tronc cérébral qui en retour augmente l'activité du système nerveux sympathique provoquant une vasoconstriction qui fait remonter la tension.

Le système nerveux sympathique est donc une voie très importante pour réagir rapidement et inconsciemment à un agent stressant en y apportant une réponse adaptative.

2.3. Le nerf vague

Le nerf vague également appelé nerf pneumogastrique, est le dixième nerf crânien. C'est un le nerf avec le territoire le plus étendu d'où son nom de « vague ». Il a la particularité d'être un nerf mixte, c'est-à-dire qu'il transporte à la fois des informations motrices, sensitives et sensorielles. Ceci signifie qu'il est capable de transmettre des informations motrices depuis le système nerveux central vers les muscles et les glandes (fibres motrices), qu'il peut transmettre des informations depuis des récepteurs sensoriels (périphérie) vers le système nerveux central (fibres sensitives) et enfin de transmettre des informations provenant des organes des sens comme la vision ou l'équilibre vers le système nerveux central.

Il est aussi principalement composé de fibres parasympathiques lui donnant un rôle important dans la régulation du système nerveux autonome. Il est en particulier responsable de la réponse « repos ou digestion », le pendant de la réponse « combat ou fuite ». Le nerf vague est donc impliqué dans le maintien de l'homéostasie en contrebalançant les effets du sympathique.

La régulation du nerf vague est complexe. Il est régulé principalement par des structures cérébrales (tractus solitaire et noyau ambigu). Cependant, il s'auto-régule également de lui-même grâce à un système de rétro-contrôle entre les afférences sensorielles, les intégrations centrales et les efférences motrices. Ces interactions complexes permettent un ajustement précis et rapide de l'activité des organes cibles du nerf vague aux besoins de l'organisme. Enfin, il est aussi influencé par l'action du système nerveux sympathique puisque l'un va être inhibé lorsque l'autre est actif.

Le nerf vague est impliqué dans de nombreuses fonctions autonomes et aura tendance à les mettre au repos. Ainsi, il est responsable de la régulation de la fréquence cardiaque, il est impliqué dans le contrôle de la respiration, la modulation de l'inflammation, la régulation du système digestif et la régulation de l'humeur et de l'anxiété. On comprend donc aisément que son activation va être importante dans la gestion du stress mais également que son manque d'activité peut entraîner une dérive vers le système sympathique.

Pour une grande partie du travail de respiration classique, c'est le nerf vague qui va être stimulé pour réduire le stress.

Dans les années 1990, une théorie a été proposée par le Dr. Stephen Porges dans la compréhension du fonctionnement du nerf vague et de son influence sur le stress. Porges propose qu'il existe deux branches au nerf vague. La première est la branche dorsale dites « vague non-myélinisée » ou « vague primitive » qui serait d'un point de vue évolutif la plus vieille. Cette branche est associée à la conservation de l'énergie et la mise en veille (« freeze » ou immobilisation) en cas de menace perçue. La deuxième branche est le nerf vague ventral, branche évolutivement plus récente selon Porges, qui serait responsable de la modulation des relations sociales et de la sensation de sécurité. Il est également appelé « nerf myélinisé » ou « vague social ».

Basées sur cette théorie très à la mode, de nombreuses approches thérapeutiques dans le champ de la psychologie ont émergé. Dans le cadre de ce livre, je ne la prendrai pas en compte dans la mesure où un certain nombre d'éléments de cette théorie ont été expérimentalement invalidés (Kozlowitz et al., 2021). Néanmoins, cela ne remet pas en cause les résultats positifs obtenus avec certaines thérapies inspirées par cette théorie mais de nombreux auteurs remarquent que les éléments préconisés dans les thérapies utilisant la théorie polyvagale étaient utilisés avant en psychologie ou même en psychiatrie.

Nous allons donc nous focaliser sur les aspects classiques d'action de la respiration sur le nerf vague pour calmer le stress.

3. Les sources de stress et leurs mécanismes d'influence

Les stresseurs n'ont pas d'action en soi. Cependant, il existe de nombreux facteurs qui peuvent déclencher le stress. Le plus évident est ce pour quoi le stress a été utilisé à la base, c'est-à-dire s'adapter à des changements environnementaux naturels tels que le froid. Vient ensuite la réponse immédiate à un danger de type prédateur, animal ou humain. Ces deux facteurs déclencheurs sont les plus basiques et les plus directement lié au stress.

Ensuite, il y a les agents stressants issus de notre mode de vie. Les problèmes de travail ou de relations, les difficultés financières ou les obligations familiales sont potentiellement des sources de stress. Ils impliquent un jugement lié à notre mode de vie et ne présentent pas une agression physique. Cependant, des responsabilités excessives, comme avoir un emploi à temps plein et s'occuper de la famille, bien que pas aussi concrets qu'une agression, n'en demandent pas moins une forte adaptation du corps et sont donc légitimement à considérer comme des sources de stress. De même, la pression sociale et l'image que l'on veut donner là aussi est quelque chose de totalement « inventé » mais devient rapidement un énorme facteur déclenchant du stress. Il suffit de regarder la vague de burn-out qui a été médiatisée chez les influenceurs ou les scandales autour du cyber-harcèlement sur les réseaux sociaux où une attaque d'une projection virtuelle génère un stress intense chez la personne.

Enfin, les traumatismes passés comme des expériences de vie difficiles, un accident, un viol ou une agression, peuvent laisser des séquelles et être des facteurs de stress à long terme. Ici, ce facteur déclenchant est très intéressant puisqu'il peut générer du stress en permanence sans que la personne ne sache réellement pourquoi. Il y a donc une forme d'enregistrement qui se fait lors de l'évènement traumatisant qui joue ensuite en boucle, activant en permanence l'état de stress. On rentre ici en grande partie dans la somatisation.

Lorsque l'on regarde l'ensemble de ces stresseurs, on constate qu'une partie d'entre eux est objective, l'autre plutôt subjective. On constate aussi que les situations sont trop nombreuses pour pouvoir toutes les traiter. Par contre, qu'en est-il des mécanismes permettant de détecter et d'interpréter ces stresseurs ? Si on les étudie, on va se rendre compte que finalement, ils ne sont pas autant que ça. Comprendre comment ces mécanismes induisent le déclenchement du stress permet donc de pouvoir ensuite le contrôler.

3.1. Le rôle de la mémoire et de l'imagination

La mémoire peut déclencher la réponse au stress via l'axe hypothalamo-hypophyso-surrénalien (HPA) en influençant la régulation de cet axe. En effet, l'hypothalamus est influencé par la mémoire grâce à sa relation avec l'amygdale et l'hippocampe, qui sont des régions du cerveau impliquées dans la mémoire émotionnelle.

Vous pouvez facilement expérimenter qu'un simple souvenir peut déclencher un stress. Vous avez sûrement déjà vécu cette situation où vous êtes en vacances ou en week-end, détendu, et quelque chose vous rappelle quelque chose d'urgent ou un conflit au travail et immédiatement, votre humeur change et le corps se met à stresser.

De même, imaginer comment une situation qui peut se passer est capable de provoquer chez certaines personnes une montée importante de stress. Typiquement, l'anticipation anxieuse n'est causée que par un imaginaire négatif se focalisant sur les problèmes potentiels qui risquent d'arriver. La conséquence est ensuite que le corps se met en état d'adaptation au stress.

Plus amusant et plus positif, vous pouvez simplement déclencher par l'imagination une activation parasympathique en imaginant la scène suivante. Vous êtes allongé sur un transat à la plage, il fait chaud, vous entendez le bruit des vagues et sentez l'air iodé. Une brise légère glisse sur votre visage vous rafraîchissant de la chaleur ambiante qui vous laisse une sensation de soif. À votre droite, vous avez une table basse sur laquelle est posé un verre frais d'eau gazeuse avec une rondelle de citron. Maintenant, prenez-la qui est fraîche et qui sent bon l'odeur du citron. Vous la portez à vos lèvres et croquez dedans, laissant échapper un éclatant jus de citron acide qui inonde votre bouche. Que ressentez- vous alors ?

Chez de nombreuses personnes, la lecture de ce texte va provoquer une salivation de la bouche. C'est une forme de réflexe pavlovien induit par l'imagination. Alors bien sûr ici on parle au parasympathique, mais le même phénomène a lieu avec le sympathique. Vous voyez qu'un déclenchement très physique et concret peut se faire simplement via l'imagination et les souvenirs...

3.2. Le rôle des muscles, des tissus et la somatisation

La mémoire musculaire est la mémoire impliquée dans l'apprentissage et le maintien de mouvements et de gestes. Elle est stockée dans les circuits nerveux de la moelle épinière et du cerveau, et permet de retenir et d'exécuter automatiquement des mouvements et des gestes appris.

Il a été suggéré que la mémoire musculaire peut être influencée par l'exposition à des stimuli stressants. En effet, certaines études ont montré que l'exposition à des stimuli stressants peut perturber l'apprentissage et la consolidation de la mémoire musculaire (Izquierdo et al., 2002).

Est-ce qu'à l'inverse le stress pourrait ancrer une mémoire musculaire ? C'est une théorie de plus en plus prise au sérieux dans le domaine de la psychologie. En effet, la somatisation est un sujet de plus en plus étudié, comme en témoignent les travaux de Damasio, l'un des chercheurs et auteurs les plus connus sur ce sujet. L'idée générale et simplifiée est que le stress non exprimé peut laisser une empreinte neuro-tissulaire dans le corps, ce qui active constamment le système nerveux sympathique à l'image d'un arc réflexe. En l'absence d'expression locale du stress, il n'y a donc pas de signal d'inhibition en retour. Cette idée reste en débat et présente plus de complexité que ce qui est décrit ici. Cependant, d'un point de vue empirique, mobiliser les zones qui somatisent permet d'avoir d'excellent résultats sur le stress.

Un très bon exemple qui illustre cela peut être expérimenté très rapidement dans le cadre des arts martiaux. C'est un exercice que l'on m'avait fait faire pour développer la capacité à deviner le moment de déclenchement d'une attaque pour partir juste avant. L'exercice se fait avec un couteau d'entraînement. On commence par recevoir sans réagir un coup de couteau d'entraînement pour provoquer une peur dans le corps qui nous aidera à réagir à la prochaine attaque. Puis, la personne se met en face de vous et lorsqu'elle souhaite attaquer, elle le fait. Le travail de celui qui devine est de se déplacer pour sortir de la distance de l'attaque juste avant le déclenchement de l'attaque.

Comment on devine cette attaque ? Par le stress. Dès que la personne à l'intention d'attaquer, on sent dans le corps un pic de stress, en particulier là où on a été touché qui indique qu'il faut bouger. Le phénomène est étonnamment reproductible et c'est comme cela que l'on s'entraîne à percevoir l'intention de l'autre. Quel rapport avec la mémoire traumatique ? J'y viens.

Dans cet exercice, dès que l'on ressent un stress, il faut bouger. Si on ne le fait pas, parce qu'on voit que l'on s'est trompé dans l'intention de l'attaque, on accumule la tension neuro-musculaire provoquée par le stress. Le résultat est que plus l'exercice avance, moins on est capable d'anticiper voire même de nous déplacer une fois que l'attaque est lancée. À l'inverse, si on bouge même quand on se trompe, alors nos capacités à anticiper ou réagir ne baissent pas avec le temps. Comment fait-on alors quand on n'a pas bougé et que nos capacités diminuent ? On arrête l'exercice et on mobilise les tissus de plusieurs façons différentes pour évacuer ce mouvement induit par le stress qui n'a pas été réalisé. Une fois ce travail fait, l'exercice reprend et on se retrouve avec nos capacités à réagir qui redeviennent performantes.

Ceci n'est qu'un exemple mais de plus en plus d'auteurs s'intéressent à cette problématique de l'influence de la somatisation sur notre comportement. En effet, à l'image de l'inhibition du mouvement dans l'exercice qui accumule de la tension dans le corps, l'inhibition de l'expression émotionnelle accumule de la tension dans le corps qui force le corps dans un type de réactions données. C'est donc une influence majeure dans ma vision des choses mais aussi dans celle de ces chercheurs pour l'explication du maintien du corps en état de stress. Nous reviendrons plus en profondeur sur le sujet lors du chapitre sur les émotions.

3.3. Le rôle du système nerveux autonome

Troisième mécanisme dont nous avons déjà parlé est le système nerveux autonome. Nous avons vu qu'il a un rôle dans la réponse au stress. Cependant, sa dérégulation est également une cause de stress, en particulier dans le cadre du stress chronique.

Pendant une longue période de stress, le système nerveux sympathique est activé en permanence. En effet, la présence de cortisol en continu désensibilise les récepteurs au stress rendant sa régulation plus difficile. De plus, un stress chronique provoque une inflammation qui stimule le sympathique. Enfin, en cas de stress chronique, l'amygdale, l'hippocampe et le cortex pré-frontal semblent se déréguler, suractivant l'axe HPA ce qui maintient le système nerveux sympathique activé.

Normalement, le système nerveux sympathique a un fonctionnement prévu pour être activé de façon transitoire. Ceci a pour conséquence d'inhiber le parasympathique afin de laisser les effets du sympathique se faire correctement. Le problème est qu'en état de stress chronique, le sympathique étant toujours actif, le parasympathique subit toujours son inhibition. Cette inhibition est liée à la désensibilisation des récepteurs impliqués dans la transmission du signal parasympathique ce qui diminue les influx nerveux vers les organes cibles qui donc ne se mettent plus aussi bien au repos. On va ainsi observer une augmentation de la fréquence cardiaque et la fréquence respiratoire, ce qui va encore stimuler le sympathique en retour.

La conséquence plus générale de cette suractivité est également que la moindre contrariété va déclencher une réponse au stress disproportionné. La personne en stress chronique réagit trop et trop vite, le système nerveux sympathique ne détectant plus les réactions faibles à cause de la désensibilisation.

Ce rôle du système nerveux autonome peut être objectivé grâce à un élément très intéressant, la variabilité de la fréquence cardiaque (VFC) ou plus connue sous le nom anglais de HRV pour *Heart Rate Variability*. Cette possibilité de mesurer de façon indirecte mais de manière aisée le niveau d'adaptation au stress permet d'évaluer également le niveau de stress. En effet, si nous avons des difficultés à nous adapter (HRV faible), cela signifie que nos systèmes sont déjà sollicités et donc que nous sommes stressés. L'utilisation de capteurs permet ainsi de suivre son état de stress et de voir les progrès.

4. Les différentes situations de stress

Pourquoi le stress est si difficile à aborder avec une approche purement technique ? Parce que la forme du stress va varier et la diversité des stresseurs aussi. Par conséquent, certaines techniques seront très adaptées à certaines situations ou en réponse à certains stresseurs tandis que d'autres seront inutiles. À cela, il faut aussi ajouter le fait que si le stresseur ne s'arrête jamais, les techniques seront toujours utilisées en tant que pansement puisqu'elles ne pourront éliminer le stress que pendant la pratique. Il faut donc mettre en place de véritables stratégies pour répondre à cette diversité de situations de façon spécifique. Dans la méthode REBO$_2$T, je divise le stress en quatre réactions en fonction de la situation. Le stress d'anticipation, le stress opérationnel, le stress chronique et la récupération. Nous allons détailler chacune de ces phases dans les paragraphes suivants.

4.1. Le stress d'anticipation

On va définir le stress d'anticipation par un type de stress qui se produit lorsque nous anticipons une situation stressante à venir. Cela peut inclure des événements importants ou des responsabilités qui nous causent de l'anxiété ou de l'inquiétude, comme un examen, un entretien d'embauche, un discours public, etc.

Le stress d'anticipation peut être provoqué par des pensées et des émotions positives ou négatives liées à l'événement stressant à venir, comme la crainte de l'échec, la peur de ne pas être à la hauteur mais également l'envie, l'impatience d'y être, la motivation ! Dans les deux cas, cela entraîne une activation de l'axe hypothalamo-hypophyso-surrénalien (HPA) et une production et libération d'hormones de stress. Ce phénomène se manifeste quelques heures à quelques minutes avant une échéance importante.

Le stress d'anticipation est ainsi bénéfique en situation normale puisqu'il nous prépare à l'action et à réaliser au mieux la tâche que nous devons accomplir. Cependant, il peut devenir problématique s'il se déclenche trop tôt ou de manière disproportionnée. Une de ses dérives est d'amener la personne à l'état d'anxiété (Endler and Kocovski 2001), ce qui sera contre-productif pour la réalisation de la tâche. Il est donc important de gérer le stress dès la phase d'anticipation pour minimiser ce risque et optimiser ses avantages. Des études montrent ainsi que l'état d'esprit permet d'influer sur le type d'effets du stress (Crum, Salovey et al. 2013).

La plupart des techniques de gestion du stress se focalisent sur cette phase.

4.2. Le stress opérationnel

Le stress opérationnel est celui qui apparaît pendant l'action. Il doit être canalisé pour performer sans qu'il ne nous déborde. En effet, l'excès de stress peut conduire à craquer et se pétrifier à divers degrés sous la pression. Les raisons à cela sont multiples mais globalement, on peut décrire le cycle suivant. La personne sous stress va avoir une augmentation des signaux corporels, elle va donc prêter attention à ces signaux et essayer de les contrôler consciemment, prenant le pas sur le contrôle automatique qui gère cela normalement (Baumeister 1984). Ceci va rendre les mouvements désordonnés et non instinctifs avec deux conséquences. La première est que la personne sent qu'elle ne « fonctionne pas » correctement, cet excès d'attention allant contre notre agencement automatique, plus efficace (Kannape and Blanke 2012), ce qui va augmenter le stress et la maintenir dans cette boucle. La deuxième est que la respiration va changer, provoquant une baisse de la qualité des signaux intéroceptifs, diminuant la conscience corporelle (Allard, Canzoneri et al. 2017) et augmentant le besoin de la personne d'encore plus porter son attention dessus... Nous assistons donc à une boucle de dégradation de la situation. L'intensité de ce phénomène est contexte dépendant et est donc influencé par de nombreux paramètres externes (performances sportives, artistiques, prise de parole en public...).

Il va falloir trouver l'équilibre pour ne jamais se laisser dépasser tout en gardant le bon niveau d'énergie. La difficulté à cela est de combiner gestion du stress et accomplissement de la tâche. C'est la raison pour laquelle il va falloir conditionner certaines techniques et motifs respiratoires qui à force se déclencheront automatiquement dans ces situations. L'autre objectif sera d'apprendre à limiter « à la volée » l'apparition des symptômes physique du stress.

Paradoxalement, le gros travail autour du stress opérationnel va devoir se faire hors période de stress au cours d'entraînement spécifiques. Les objectifs de ces entraînements seront doubles. D'abord, apprendre à reconnaître les signaux d'apparitions du stress pour augmenter notre conscience corporelle et être familier avec les signaux de stress. En effet, il est montré que les personnes avec un haut degré de conscience corporelle sont moins affectés par le fait de porter la conscience sur le corps pendant l'action en présence de stress (Baumeister 1984). L'exposition au stress pendant les entraînements est indispensable pour conditionner ces réponses. Ensuite, le deuxième objectif est de conditionner une diminution de l'expression du stress par des techniques respiratoires.

De cette façon, dans l'action, vous serez capables instinctivement de travailler à un niveau de stress tolérable tout en ne parasitant pas votre contrôle automatique du mouvement, maintenant ainsi vos capacités à leur potentiel maximal.

Ce travail est une partie importante de ce que nous allons mettre en place ici.

4.3. La récupération

Après la phase de stress, le corps doit rentrer dans une phase de récupération pour revenir à son état d'équilibre ou homéostatique. Au cours de cette phase, le corps va purger l'excès de cortisol et des hormones du stress en général, coupant ainsi les processus physiologiques qu'elles déclenchent. Cela va permettre au système nerveux parasympathique d'agir pour mettre le corps en mode détente et récupération. Cette récupération va également consister après la phase catabolique induite par le cortisol de mettre le corps en phase anabolique (de construction) pour réparer les tissus endommagés par le stress et de reconstituer les réserves énergétiques. Le système immunitaire, affaibli par le cortisol va également se remettre en activité. Enfin, d'un point de vue cognitif, cette phase va permettre au cerveau d'enregistrer l'expérience et d'en tirer des enseignements pour établir de nouvelles stratégies pour faire face à des situations similaires à l'avenir.

Si cette phase n'est jamais atteinte parce que le stress dure trop, on se retrouvera dans la phase d'épuisement (McEwen 2004).

Pour faire simple, dans la pratique que je propose, il faut se dire qu'un temps de stress demande un temps de récupération. Ce temps de récupération n'est par contre pas uniquement du repos. On va parler de récupération active intégrant évidemment du travail respiratoire mais aussi du travail corporel. L'objectif va être d'aider activement notre corps à favoriser l'action parasympathique mais également à éviter toute forme de somatisation en mobilisant les tissus après stress.

4.4. Le stress chronique

Le stress chronique est un stress qui se caractérise par un état de tension persistant et prolongé. Il est lié généralement à des agents stressants répétitifs ou des situations difficiles prolongées. Contrairement au stress aigu, qui est une réponse normale et adaptative à un événement spécifique, le stress chronique s'installe et devient un problème de fond, affectant de manière significative la santé globale de l'individu. On parle alors de charge allostatique, concept proposé par le neuroscientifique Bruce McEwen (McEwen and Stellar 1993). Cette charge allostatique décrit l'état dans lequel les mécanismes d'adaptation du corps sont surchargés et vont entraîner des problèmes de santé.

Le stress chronique s'installe sur la durée à plus ou moins bas bruit et sa présence se maintient à cause d'un système auto-entretenu où le stress, et pas seulement l'agent stressant, déclenche lui-même ses propres circuits. Ce système auto-entretenu rend difficile l'interruption du cycle du stress et la récupération. Par conséquent, il est difficile de sortir de cette situation en quelques exercices ponctuels.

Il va donc falloir l'approcher par une stratégie globale qui va dans un premier temps chercher à diminuer le niveau global des manifestations du stress et en parallèle travailler sur les causes externes de l'auto-entretien. Ensuite seulement on pourra espérer casser l'auto-activation du stress.

5. Pourquoi aborder le stress par la respiration ?

Lorsque l'on examine l'ensemble des éléments impliqués dans le stress, on constate qu'ils sont tous également impliqués dans le contrôle de la ventilation. Si l'on creuse davantage, on se rend compte que le contrôle volontaire de la ventilation influence tous ces systèmes.

Si l'on commence par l'aspect le plus évident, la fréquence ventilatoire a un effet sur le système nerveux autonome et augmente la variabilité de la fréquence cardiaque (HRV) lorsqu'elle diminue. C'est le principe de la cohérence cardiaque. En accentuant les expirations par rapport aux inspirations, on augmente l'activité parasympathique, ce qui diminue la réponse au stress et réduit également l'excitabilité de l'amygdale. La respiration influence donc également l'activité du nerf vague, puisqu'elle modifie l'équilibre du système nerveux autonome (SNA), ce qui a un impact sur le stress.

Un peu moins évident, mais peut-être déjà connu, les techniques de respiration consciente, où notre attention se focalise sur notre respiration, réduisent l'anxiété et le stress, vraisemblablement en diminuant l'activité de l'amygdale et la diminution de l'activité du cortex préfrontal. Parfois, cela passerait également par une modulation de l'expression hormonale.

Moins connu, la respiration influence aussi la chimie du sang. Plus le sang est riche en CO_2 (ou plus les récepteurs au CO_2 y sont sensibles), plus la fréquence respiratoire va augmenter, entraînant une suractivation du système nerveux sympathique. La raison à ce phénomène est que normalement un taux élevé de CO_2 signifie un métabolisme en activité importante, et donc un besoin accru en oxygène pour lui permettre de fonctionner correctement. Par conséquent, si le corps a l'impression qu'il y a trop de CO_2 parce qu'il y est trop sensible, il va accélérer la fréquence respiratoire (et descendre la HRV)...

Encore moins connu, la respiration peut induire un état émotionnel spécifique, comme le montre la pratique du Noh, ce théâtre japonais où les acteurs portent des masques et dont le jeu d'acteur est grandement « introspectif » (Homma 2010). Le flux respiratoire est également capable de stimuler l'activité des différents hémisphères cérébraux en fonction de la narine utilisée, ce qui permet également d'associer odeurs et souvenirs, par exemple et de moduler notre humeur et notre état d'esprit. Ainsi, un dérèglement de la respiration peut induire un état favorisant l'amplification du stress.

Enfin, la ventilation joue un rôle majeur dans le contrôle de la posture. Une mauvaise posture peut être source de stress en raison d'une diminution de l'amplitude du diaphragme, d'un excès de perceptions constantes ou, à un certain point, de douleurs persistantes. De la même manière, une mauvaise ventilation peut empêcher d'avoir une posture neutre et favoriser l'enregistrement inapproprié d'émotions qui finiront par conditionner nos réactions et potentiellement augmenter notre stress, comme nous le verrons plus tard.

Rétablir une bonne respiration pourra donc résoudre l'ensemble de ces problèmes et permettra également de maintenir un bon équilibre pour éviter un retour à un état de stress. C'est ce que l'on va chercher à faire ici.

Toutefois, il faut mettre en place une stratégie pour y parvenir. En effet, ayant installé notre système dans le stress, on peut considérer cet état comme une forme d'état d'équilibre (mauvais mais constant quand même). Il va donc être difficile de ne prendre qu'un exercice pour résoudre tout ça. Au contraire, on va commencer par travailler via des approches indirectes et progressives pour pouvoir finalement avoir un accès au cœur du problème : la respiration. Une fois cet accès possible, nous pourrons reconfigurer ces différents aspects qui nous laisseront alors de la place pour travailler aussi sur notre perception des choses. C'est ce que nous allons voir par la suite.

Mais, avant de commencer, voyons certaines techniques classiques pour gérer le stress et regardons si vous parvenez à les faire fonctionner !

I. LES EXERCICES CLASSIQUES DE RESPIRATION POUR LA GESTION DU STRESS

1. Les exercices les plus connus et comment les appliquer

Voyons tout d'abord les exercices de respiration les plus classiques que l'on trouve dans différentes méthodes et les exercices basiques de la méthode REBO$_2$T. Pour les pratiquer, voici quelques règles générales :

- *Ne jamais pratiquer ces exercices en voiture ou dans un lieu où la somnolence peut être dangereuse ;*
- *Ne pas hésiter à se couvrir lors de la pratique, ces exercices respiratoires pouvant refroidir le corps en le mettant au repos ;*
- *Sauf indication contraire, toujours pratiquer dans le volume courant ;*

- *Sauf indication contraire, favoriser toujours l'inspiration et l'expiration par le nez ;*
- *Penser à bien s'hydrater lorsque l'on pratique régulièrement ;*
- *Si vous avez des problèmes cardio-vasculaires ou de l'asthme, demandez à votre médecin si la pratique est contre-indiquée ;*
- *Ces techniques ne remplacent pas un traitement médical quel qu'il soit.*

Ces exercices sont globalement accessibles à tous sans entraînement particulier. Ils sont une bonne base pour observer les effets de la respiration consciente en général sur le corps et l'esprit.

Ceci étant dit, intéressons-nous à ces techniques.

1.1. Se poser et respirer

Souvent, on commence très compliqué avec les techniques respiratoires. Voici un scoop : parfois, le simple est déjà très efficace. Quand on parle de gestion du stress, le simple fait de se prendre une dizaine de minutes pour s'arrêter et respirer est déjà suffisant pour se sentir mieux.

Bien sûr, déjà à ce stade, on peut rajouter quelques petits détails que je vais vous donner ici pour améliorer la chose et qui serviront de base pour la suite.

Je recommande de le faire allongé, sous une couverture pour éviter d'avoir froid, le corps se refroidissant lors de ce type de travail. J'apprécie beaucoup en général pour le travail respiratoire des couvertures lestées dont il a été démontré l'intérêt sur l'anxiété et d'autres types de désordres d'ordres psychologiques. Bloquez pour cet exercice dix à quinze minutes de calme absolu et fermez les yeux.

La respiration en elle-même se fera par le nez sur l'inspiration, par la bouche sur l'expiration. Je préconise rarement cela mais dans ce cas, l'expiration buccale a un vrai intérêt.

- Inspirez sur 2 temps par le nez ;
- Expirez par 4 temps par la bouche ;
- Restez en apnée vide tant que c'est agréable.

N'essayez pas de forcer votre respiration, laissez-la libre. Vous pouvez ajouter de la musique douce ou des arômes dans la pièce pour être encore plus confortable.

Se prendre un vrai temps pour respirer est l'exercice le plus simple possible, donc vous pouvez commencer par-là ! Et si vous vous endormez en pratiquant, grand bien vous fasse !

Pour qui est fait cet exercice ?

Tout le monde après une journée un peu chargée, mais en particulier les débutants en travail respiratoire pour qui les respirations longues et la technique respiratoire ne sont pas au point.

Comment agit cet exercice ?

Il contient votre mental sur votre respiration, joue sur votre équilibre ortho/parasympathique, et permet un relâchement musculaire.

Quand faire cet exercice ?

Plutôt en fin de journée, lorsque vous n'avez rien à faire derrière, voire avant de dormir.

1.2. La respiration en pleine conscience

La respiration en pleine conscience est une variante un peu plus active de la technique précédente. C'est un exercice très utilisé en méditation de pleine conscience. Cette approche présente l'intérêt de commencer à s'intéresser vraiment à votre respiration. En effet, dans cette technique, vous allez vous observer respirer, sans chercher à influencer votre souffle. Évidemment, c'est impossible de n'avoir aucune influence mais c'est ce vers quoi il faut tendre.

Cet exercice va donc vous obliger non seulement à poser votre attention sur un seul objet simple plutôt que de partir dans tous les sens, mais également à travailler autour de votre lâcher-prise.

L'exécution de l'exercice se fait très bien allongé sous une couverture mais peut également se faire assis sur une chaise. L'objectif ici n'est pas spécialement d'être relaxé à la fin mais plutôt d'être mentalement calme.

La respiration en elle-même se fera sans motif respiratoire particulier, par le nez pour l'inspiration mais par le nez ou la bouche sur l'expiration.

- Inspirez, observez par où passe votre inspiration, les sensations associées, la texture du courant d'air, sa température, la réaction de vos tissus. Mais aussi, les mouvements du tronc, provoqués par l'inspiration, les zones mobiles, celles qui ne le sont pas. Ne cherchez pas à changer quoi que ce soit de ce que vous observez à ce moment-là ;
- Expirez, recommencez exactement le même travail ;
- Continuez pendant au moins 10 minutes.

Si vous partez à un moment dans vos pensées, aucun problème, revenez simplement sur votre souffle et autant de fois qu'il le faut.

Pour qui est cet exercice ?

Si vous avez du mal à contrôler vos pensées. Si vous souhaitez commencer à faire un travail de fond sur votre stress.

Quand faire cet exercice ?

N'importe quand. Le faire régulièrement permettra de mettre vos pensées de plus en plus au repos pour ne les utiliser qu'à bon escient.

Comment agit cet exercice ?

Il agit sur le parasympathique, sur le flot de pensées. Il permet de détendre la zone observée grâce à la conscience mise dessus.

1.3. La respiration abdominale

Avec la respiration abdominale, on commence à entrer dans les techniques qui vont avoir un effet réel grâce à une action biomécanique. En effet, la respiration abdominale permet de ralentir la respiration en autorisant un mouvement plus ample du diaphragme. Le résultat est que votre système nerveux parasympathique sera moins inhibé et donc vous serez plus calme. De plus, comme pour les exercices précédents, en vous focalisant sur votre respiration et les sensations associées, vous diminuerez l'activité mentale, vous permettant d'être plus détendu.

Pour effectuer correctement cette respiration, il y a un petit peu de technique à avoir. En effet, la respiration abdominale n'est pas une respiration ventrale dans le sens où on ne pousse pas le ventre en avant. Dans cette respiration, on relâche l'ensemble de la sangle abdominale pour laisser le diaphragme pousser la masse viscérale de façon homogène vers l'ensemble de l'abdomen, d'où le nom de cette respiration.

Pour réussir cela, il faudra peut-être détendre la région lombaire, souvent crispée chez les personnes stressées. Cela se fait en posant le dos des mains contre les lombaires et en posant son attention sur la surface de contact entre les mains et le dos.

- Inspirez sur un rythme de 4 temps d'inspiration ;
- Expirez sur 6 temps ;
- Continuez pendant au moins 10 minutes en position assise contre un dossier ou allongée.

Comment agit cet exercice ?

En ralentissant la fréquence respiratoire, elle va favoriser le côté parasympathique du SNV. En descendant la ventilation et en relâchant la zone abdominale, elle va favoriser le retour veineux et lymphatique ce qui limite les risques d'inflammation. Elle permet d'étirer les muscles de la région lombaire et ainsi de diminuer le risque de lombalgies.

Quand faire cet exercice ?

Dès que l'on y pense, en particulier quand on est en position assise.

Pour qui est cet exercice ?

Tout le monde ! Cela doit être la respiration normale. Cependant, si vous avez mal dans le bas du dos et que vous êtes stressé, commencez par là.

1.4. La respiration inversée

La respiration inversée est un exercice issu tout particulièrement des pratiques traditionnelles chinoises comme le qi gong. Dans cet exercice, on va volontairement rentrer le ventre sur une inspiration et le relâcher sur une expiration. Attention, ce n'est pas une respiration paradoxale qui elle est un problème pathologique.

Cet exercice a de nombreuses vertus dont celui de venir masser la zone viscérale, siège de production de la sérotonine, l'hormone du bien-être dont la production a été démontrée lors de massages viscéraux. L'état de sérénité étant un vrai anti-stress, cette respiration est donc très intéressante dans notre arsenal. De plus, le travail assez technique de cette respiration occupe le mental, vous empêchant de vous disperser, ralentit la respiration et tonifie votre région lombaire et votre chaîne musculaire respiratoire.

Pour bien l'effectuer, il est intéressant d'être assis avec une posture bien droite ou debout.

- Inspirez par le nez en rentrant le ventre et en cherchant à « le remonter » le long de la colonne vertébrale. Inspirez sur au moins 6 temps ;
- Expirez par le nez en relâchant le ventre mais en maintenant le dos droit sur au moins 10 temps ;
- À pratiquer au moins un quart d'heure.

Comment agit cet exercice ?

Cet exercice agit sur plusieurs niveaux. Comme toutes les respirations déséquilibrées sur l'expiration, la respiration inversée va vous détendre. Ensuite, la technicité va vous obliger à être focalisé sur la respiration ce qui aura pour effet de limiter la production de pensées. Enfin, ce mouvement provoque une production de sérotonine par la stimulation des intestins qui en produisent en réponse au mouvement intestinal. Cette production se fait via les mécanorécepteurs présents dans les cellules entérochromaffines de l'épithélium intestinal, dont la stimulation permet la libération de sérotonine qu'elles produisent naturellement (Alcaino, Knutson et al. 2018). Enfin, d'un point de vue empirique, la sensation après cet exercice est très particulière, un peu comme après un repas.

Quand faire cet exercice ?

Pour correctement fonctionner, il faut prendre un peu de temps. Prévoyez-vous donc une session d'au moins quinze minutes quand vous êtes au calme.

Pour qui est cet exercice ?

Tout le monde dès que vous sentez que vous êtes corporellement stressé, sauf si vous venez de manger ou que vous avez des problèmes d'hernie.

1.5. La cohérence cardiaque

La cohérence cardiaque est la technique de respiration à la mode et qui est aujourd'hui très étudiée. Basée sur l'action sur le tonus vagal, elle consiste à respirer six fois par minute pour avoir un tonus vagal optimal en jouant sur la variabilité de la fréquence cardiaque. Cet état optimal est le point d'équilibre entre le système ortho et parasympathique signifiant un état parfaitement neutre. Je dis bien neutre, pas détendu. Si vous êtes « détendu » après la cohérence cardiaque c'est que vous êtes de base trop stressé et/ou que vous ne savez pas ce qu'est un vrai état de détente, c'est-à-dire quand le parasympathique fonctionne à plein sans être freiné par l'orthosympathique.

La pratique est très simple et se fait ainsi :

- En position assise de préférence ;
- Inspiration par le nez sur 5 secondes ;
- Expiration par le nez pendant 5 secondes ;
- Tenir ce rythme pendant 5 minutes ;
- Faire ce protocole 3 fois par jour.

Comment agit cet exercice ?

En synchronisant la fréquence respiratoire sur six respirations par minute, la variabilité de la fréquence cardiaque atteint un optimal, c'est-à-dire que la durée entre deux battements cardiaques est très variable. Ceci a un effet sur le nerf vague dont le tonus augmente permettant de favoriser un état de neutralité en stimulant le repos par rapport à l'action.

Pour qui est cet exercice ?

Cet exercice est idéal pour les personnes qui ne sont pas gênées pour allonger le rythme respiratoire et qui ont suffisamment de temps pour faire trois sessions par jour de cinq minutes de façon quotidienne.

Quand faire cet exercice ?

Dans l'idéal, par intervalle de huit heures. Soit tôt le matin, puis début d'après-midi et fin de soirée, avant le coucher.

1.6. L'apnée pleine

L'apnée pleine est le fait de retenir sa respiration poumons pleins. Quel rapport avec le stress ? Assez important finalement. Le stress perçu est une partie importante de la gestion du stress et cela passe beaucoup par le corps. Or, l'apnée pleine va jouer sur le corps et donc notre perception du corps en y amenant de la détente. C'est pour cela qu'il y a bien un rapport avec les deux !

La pratique est certainement la plus simple parmi toutes les techniques. En effet, il s'agit simplement d'inspirer par le nez jusqu'à avoir les poumons pleins et de bloquer la respiration.

- Inspirez par le nez et quand les poumons sont pleins, bloquez-la ;
- Tenez environ 15 secondes en contractant très légèrement la poitrine et le haut du corps ;
- Expirez par la bouche ;

– Respirez normalement une dizaine de secondes et recommencez encore 5 fois.

Comment agit cet exercice ?

La pression exercée par l'air dans les poumons va venir étirer l'intérieur de la cage thoracique donnant une sensation de détente interne. Ceci va avoir un effet fort sur le stress perçu.

Pour qui est cet exercice ?

Les personnes ayant une respiration thoracique en particulier.

Quand faire cet exercice ?

N'importe quand dans la journée.

1.7. La respiration du soupir

Cette respiration a fait l'objet d'une publication en 2023 par Huberman (Balban, Neri et al. 2023) montrant que c'est la respiration la plus efficace pour réduire les pensées négatives et diminuer la fréquence respiratoire en trois semaines quand on la compare aux hyperventilations et à la respiration en carré. Je ne discuterai pas de l'étude en elle-même qui reste assez en amont et qui doit être confirmée par des données plus solides, mais simplement de la technique.

Pour la pratiquer, faites comme ceci :

- Asseyez-vous confortablement ;
- Inspirez par le nez au maximum en 2 fois (snif, snif !) ;
- Expirez lentement par la bouche comme lors d'un soupir ;
- Pratiquez cela 5 minutes par jour.

Comment agit cet exercice ?

En expirant lentement par rapport à l'inspiration, on favorise le parasympathique. En inspirant deux fois, on évite certainement de stimuler trop intensément l'orthosympathique.

Pour qui est cet exercice ?

Tout le monde : il est très accessible, c'est pourquoi il a été étudié.

Quand le pratiquer ?

C'est l'avantage d'un exercice aussi simple, il peut se faire tout le temps.

1.8. Le contracté et relâché en apnée

Le contracté relâché en apnée est une technique simple pour obtenir une sensation de détente rapide. Cela la rend particulièrement intéressante dans des situations de trop plein de stress.

Pour la faire, mettez-vous en position allongée :

- Relâchez le corps au maximum ;
- Prenez ensuite une grande inspiration et contractez votre corps dans son ensemble à environ 70 % de votre maximum ;
- Tenez ainsi une quinzaine de secondes en apnée ;
- Expirez et respirez normalement en vous détendant au maximum une dizaine de secondes ;
- Recommencez encore 2 fois.

Comment agit cet exercice ?

En jouant avec la compression du corps par les contractions et la poussée de l'air dans les poumons, on génère un étirement de tout le buste donnant une grande sensation de détente interne.

Pour qui est cet exercice ?

N'importe qui peut utiliser cette technique, en particulier après un stress ressenti comme corporel.

Quand faire cet exercice ?

N'importe quand, mais juste avant d'aller dormir cela peut aider à trouver le sommeil.

1.9. Le contracté et relâché en mouvement

Cet exercice est une variation du contracté relâché mais apporte une conscience plus aiguë dans la pratique. Cette conscience plus précise permettra d'identifier plus facilement les zones du corps stressées et donc de les détendre spécifiquement. Un travail de prévention de l'accumulation de stress dans les tissus sera ainsi effectué régulièrement.

Pour pratiquer cet exercice, restez en position debout, pied à largeur d'épaule et ne respirez que par le nez. Il est intéressant de pratiquer environ cinq minutes cet exercice.

- Sur l'ensemble de l'inspiration, vous allez contracter votre corps en partant des pieds et en remontant jusqu'à votre tête à environ 75 % de vos capacités ;
- Restez en apnée une dizaine de secondes pour identifier d'éventuelles zones récalcitrantes et si vous en trouvez, contractez-les ;

- Sur l'ensemble de l'expiration, vous allez relâcher vos muscles en partant de la tête et en finissant aux pieds ;
- Restez en apnée vide une dizaine de secondes pour finir de vous relâcher ;
- Recommencez.

Comment agit cet exercice ?

En synchronisant votre respiration à votre tension et votre détente, vous conditionnez votre corps à réagir de cette manière lorsque vous respirez. À force d'entraînement, l'expiration pourra donc avoir une vraie force de détente musculaire, ce qui sera très utile en période de stress.

Pour qui est cet exercice ?

Tout le monde, sauf si vous avez des problèmes de tension, ne réalisez pas les apnées.

Quand faire cet exercice ?

Dès que vous avez cinq minutes, même au cours de la journée. Il vous permettra de maintenir votre corps dans un état disponible et plus détendu.

1.10. La respiration en carré

La respiration en carré est une technique de focalisation qui a été étudiée d'un point de vue scientifique (Huberman et al., 2023) et qui a montré avoir des effets positifs sur l'anxiété mais aussi la fréquence respiratoire.

La pratique est la suivante :

- En préalable, inspirez au maximum, expirez en restant dans le volume courant (c'est-à-dire en expirant passivement) et regardez combien de temps vous pouvez tenir avant que cela ne soit inconfortable. Prenez ce temps, et divisez-le par deux. À partir de là, chaque phase du cycle respiratoire devra durer ce temps ;
- Inspirez par le nez au maximum sur le temps calculé ;
- Bloquez votre respiration en apnée pleine sur le temps calculé ;
- Expirez par la bouche ou le nez sur le temps calculé en restant dans le volume courant ;
- Bloquez votre respiration en apnée vide sur le temps calculé ;
- Recommencez pendant au moins 5 minutes.

Comment agit cet exercice ?

En mobilisant le diaphragme et en équilibrant les phases du cycle respiratoire, cette technique agit probablement à la fois sur la mécanique ventilatoire mais également sur le SNA permettant de globalement diminuer le stress.

Pour qui est cet exercice ?

Cet exercice est un très bon exercice pour débutant puisqu'il ne demande aucune capacité particulière pour être exécuté. Il peut aussi être utilisé par des pratiquants un peu plus avancés dans certaines routines ou avant de faire une tâche stressante.

Quand faire cet exercice ?

L'idéal est de le faire quand on a cinq minutes de libre pour un travail sur le long terme. Au-delà d'une progression constante, cette technique est souvent utilisée pour se préparer à une situation stressante, voire pendant la situation stressante pour garder le cap.

1.11. Le 2/6

Le 2/6 est la technique de la méthode REBO$_2$T que j'utilise le plus pour travailler avec des débutants complets afin de les détendre le plus rapidement possible. En effet, sa simplicité d'action ainsi que sa vitesse permettent d'observer des résultats très rapides. Pour la réaliser, il n'y a aucune difficulté particulière. En position assise ou allongée respirez dans le volume courant ainsi :

- Inspirez sur 2 temps par le nez ;
- Expirez sur 6 temps par le nez ;
- Tenez ce rythme pendant au moins cinq minutes pour sentir les premiers effets.

Comment agit cet exercice ?

En déséquilibrant l'inspiration par rapport à l'expiration, on favorise la branche parasympathique du SNA, favorisant le repos.

Pour qui est cet exercice ?

Absolument tout le monde, la technique étant puissante et rapide. Cependant, si vous avez besoin d'être concentré, cette technique n'est pas idéale, puisque vous serez plutôt somnolent.

Quand faire cet exercice ?

Avant de dormir ou quand vous souhaitez faire redescendre la pression après une grosse journée.

1.12. Le 3/3/6/3

Le 3/3/6/3 est un motif que j'ai développé dans la méthode REBO$_2$T pour faciliter le travail des débutants tout en étant un outil efficace pour rechercher la détente. Ce motif ne demande pas de compétences particulières, permet de réellement favoriser le parasympathique sans toutefois ramollir trop l'état de vigilance contrairement au 2/6 ou au 4/7/8.

Pratiquez-le au moins cinq minutes pour voir un effet en position assise ou allongée. L'inspiration et l'expiration se font par le nez, en volume courant, sans forcer sur aucune phase.

- Inspirez sur 3 secondes ;
- Bloquez votre respiration sur 3 secondes ;
- Expirez sur 6 secondes ;
- Bloquez sur 3 secondes ;
- Recommencez pendant environ 10 minutes.

N'hésitez pas à prendre un peu de temps pour trouver votre rythme et de la précision dans les enchaînements de phases respiratoires avant de commencer à compter le temps de pratique.

Comment agit cet exercice ?

En déséquilibrant les expirations par rapport aux inspirations, le motif favorise le parasympathique. La différence avec le 2/6 par exemple est que les deux phases d'apnées permettent au mental de rester focaliser, ce qui rend cet exercice idéal pour retrouver le calme pendant la journée.

Pour qui est cet exercice ?

Tout le monde. Bien qu'il puisse être un peu plus technique que le 2/6, le 3/3/6/3 s'intègre relativement vite.

Quand faire cet exercice ?

Dans la journée, quand vous avez un moment de pause pour retrouver votre attention et votre calme.

1.13. Le 4/7/8

Le 4/7/8 a été popularisé par le Dr Weil. Extrait du pranayama, il est utilisé pour diminuer fortement le stress, voire même pour s'endormir. Sa pratique est relativement simple mais demande un peu plus de travail pour être efficace. En effet, tout le monde n'est pas capable de rester calme sur une expiration de huit temps. Cependant, la technique est très efficace pour aller loin dans la somnolence.

Pour le pratiquer, il faut faire cela :

- Inspirez par le nez sur 4 secondes en restant dans le volume courant (essentiel) ;
- Bloquez votre respiration sur 7 secondes ;
- Expirez sur 8 secondes ;
- Recommencez une dizaine de fois.

Comment agit cet exercice ?

En déséquilibrant largement l'expiration sur l'inspiration, le parasympathique est encore une fois favorisé. L'ajout de l'apnée pleine à volume courant permet également de réduire l'activité sympathique.

Pour qui est cet exercice ?

Personnellement, malgré sa popularité, je ne la considère pas comme une technique pour débutant. Par contre, pour des pratiquants un peu entraînés, je la recommande.

Quand faire cet exercice ?

Avant de vouloir s'endormir.

1.14. Le body scan

Le body scan est une technique classique de méditation de pleine conscience qui consiste à porter attention à chaque partie de son corps, de la tête aux pieds, en y apportant une attention non jugeante et en prenant conscience des sensations physiques présentes. Pendant le body scan, la personne se concentre sur sa respiration et scanne chaque partie de son corps, en observant les sensations physiques présentes, qu'elles soient agréables, désagréables ou neutres.

Pour la réaliser, suivez ces indications :

- Allongez-vous et détendez-vous ;
- N'hésitez pas à vous couvrir, le corps pouvant se refroidir pendant cette pratique ;
- Inspirez calmement par le nez, expirez par la bouche ;
- Posez ensuite votre attention sur vos pieds. Observez leur poids, les sensations associées et tout ce que vous pouvez discerner dans vos pieds ;
- Inspirez, expirez puis remontez sur les jambes. Observez encore ;
- Quand vous avez fini, inspirez, expirez puis passez à la zone suivante ;
- Continuez comme cela jusqu'à la tête ;

- Si vos pensées s'égarent, peu importe, notez-le puis revenez sur cet exercice ;
- Pratiquez entre 10 et 20 minutes.

Comment agit cet exercice ?

Cet exercice permet de développer à la base la pleine conscience. En étant pleinement dans ce que l'on fait, sans être distrait, les pensées cessent de tourner en boucle et ainsi, le stress diminue.

Pour qui est cet exercice ?

Tout le monde, surtout les débutants.

Quand faire cet exercice ?

Cet exercice est assez long. Je recommande donc de le faire avant de s'endormir, en fin de journée.

1.15. La respiration alternée

La respiration alternée, également connue sous le nom de Nadi Shodhana en sanskrit, est une technique de respiration utilisée dans la pratique du yoga et de la méditation. Cette technique implique d'alterner la respiration entre les narines droite et gauche, en utilisant les doigts pour bloquer alternativement une narine, tout en inspirant et en expirant.

Pour pratiquer la respiration alternée, on peut s'asseoir dans une position confortable, la colonne vertébrale droite et les yeux fermés. On commence par utiliser le pouce pour bloquer une narine, puis on inhale profondément par l'autre narine. Ensuite, on bloque cette narine avec un doigt, on retient brièvement la respiration, puis on expire lentement par l'autre narine. On continue à alterner ainsi la respiration entre les narines, en prenant des inspirations et des expirations lentes et régulières.

Comment agit cet exercice ?

Cette respiration a été relativement bien étudiée, étant un classique du yoga. Son action comporte différentes composantes. Tout d'abord, la classique composante du travail sur le système nerveux autonome, comme la plupart des techniques d'allongement du souffle. Il va donc y avoir une stimulation parasympathique avec tous les effets de détente associés (Bhavanani, Ramanathan et al. 2014). Ensuite, il y a une composante mécanique. Celle-ci renforce vos muscles inspiratoires grâce à un flux d'air réduit qui nécessite plus d'effort pour l'aspirer (Hakked, Balakrishnan et al. 2017). Cependant, l'aspect unique de cette technique est que le flux d'air alterné semble avoir un effet de stimulation alternée sur les hémisphères cérébrales. La stimulation de chaque hémisphère de façon alternée induit ainsi des effets assez différents des autres techniques en améliorant par exemple les performances cognitives (Deepeshwar and Budhi 2022) et en diminuant les variations émotionnelles.

Pour qui est cet exercice ?

Tout le monde, dans sa version la plus simple. Plus vous augmentez les temps des cycles respiratoires (et donc les bénéfices de la technique), plus cela demandera un certain niveau de pratique. Ainsi, vous pourriez faire cette technique jusqu'à inspirer pendant 20 secondes et expirer par l'autre narine pendant 20 secondes lorsque vous aurez le niveau requis.

Quand faire cet exercice ?

L'exercice étant assez long, je suggère de le faire le soir au calme.

1.16. La marche respiratoire

La marche respiratoire est un de mes exercices favoris pour poser son mental. Il a l'avantage de pouvoir se faire en se déplaçant d'un endroit à un autre, les occasions pour la pratiquer sont donc très nombreuses.

Voici comment faire cet exercice :

- Inspirez par le nez et expirez par le nez ;

- Sur un pas, inspirez, sur un pas, expirez ;
- Puis sur 2 pas inspirez, sur 2 pas expirez ;
- Continuez sur 3 pas inspirez, 3 pas expirez ;
- Allongez votre nombre de pas d'un en un, jusqu'à 10 pas vous inspirez, 10 pas vous expirez ;
- Ensuite, redescendez jusqu'à un.

Si vous avez du mal à un compte donné, redescendez d'un compte jusqu'à ce que vous trouviez le confort avant de remonter. Cherchez à vous détendre au maximum tout au long de cet exercice.

Comment agit cet exercice ?

En combinant marche, une activité ne demandant aucun effort, et compte mental qui occupe vos pensées, vous focalisez votre esprit tout en reposant votre corps. De cette manière, vous diminuez votre état de stress tout au long de votre marche.

Pour qui est cet exercice ?

Tout le monde, il est facile à faire, du moins sur les premiers niveaux de compréhension et est très efficace. Si vous avez tendance à beaucoup marcher, il est encore plus adapté !

Quand faire cet exercice ?

Dès que vous avez une cinquantaine de mètres à faire.

1.17. La respiration de l'abeille

La respiration de l'abeille est une technique de respiration utilisée dans la pratique du yoga et de la méditation. Cette technique implique de produire un son vibrant continu en expirant, qui ressemble au bourdonnement d'une abeille. Ce son vibrant est produit en resserrant les muscles de la gorge et en laissant l'air s'échapper lentement et régulièrement par les narines.

Pour pratiquer la respiration de l'abeille, on peut s'asseoir dans une position confortable, la colonne vertébrale droite et les yeux fermés. On commence par prendre une inspiration profonde, puis on expire lentement tout en produisant un son vibrant continu en resserrant les muscles de la gorge. On continue ainsi à produire ce son vibrant tout au long de l'expiration, puis on inspire à nouveau et on répète le processus.

Voici comment le pratiquer :

- En position assise, dos droit ;
- Placez chacun de vos pouces sur chaque oreille et le majeur sur les paupières sans appuyer ;
- Inspirez par le nez à plein poumon en étirant votre tête au maximum ;

- Expirez par le nez, la bouche fermée en faisant le son « mmmmh » qui ressemble au bruit des ailes d'une abeille ;
- Tenez l'expiration le plus longtemps possible ;
- Pendant l'expiration, bouchez vos oreilles avec les pouces et appliquez une très légère pression sur les yeux avec les majeurs ;

Continuez tant que c'est agréable au minimum une dizaine de minutes.

Comment agit cet exercice ?

Cet exercice est probablement l'exercice le plus puissant pour déstresser complètement. En effet, il combine plusieurs mécanismes d'action sur le système nerveux végétatif. Tout d'abord, il favorise l'expiration. Ensuite, la pression sur les yeux a un effet sur la stimulation parasympathique. Enfin, la vibration par le son résonne dans la boîte crânienne, ce qui aurait un effet sur le tronc cérébral. Voilà pour l'aspect physique. D'un point de vue mental, cet exercice rend la production de pensées très compliquée, évitant les ruminations.

Pour qui est cet exercice ?

Cet exercice est un peu moins accessible que les autres dans la mesure où il faut réussir à expirer relativement lentement et longtemps pour tirer tous les bénéfices de cet exercice. Il est donc plutôt pour des personnes qui pratiquent un minimum la respiration consciente.

Quand faire cet exercice ?

Cet exercice demande un peu de temps. Il est mieux de le faire lorsque vous avez de la disponibilité. Il est également compliqué à faire discrètement, donc plutôt quand vous êtes chez vous...

1.18. Le « Om »

Le son « Om » est utilisé dans la tradition bouddhiste, bien que sa signification et son utilisation puissent différer légèrement selon les écoles et les traditions bouddhistes.

Dans le bouddhisme, le son « Om » (ou « Aum ») est considéré comme un son sacré qui représente la nature de l'univers et l'essence de la réalité ultime. Le son « Om » est souvent utilisé dans les pratiques de méditation pour aider à se concentrer et à se connecter à la nature divine de l'univers.

Ce son est aussi souvent utilisé dans les pratiques de yoga et de méditation pour aider à réguler la respiration et à favoriser la relaxation et la concentration. On peut par exemple répéter le son « Om » en synchronisant la respiration sur chaque syllabe, en utilisant une respiration profonde et régulière pour aider à favoriser la relaxation et la méditation profonde.

- Pour pratiquer le « Om », installez-vous confortablement en position tailleur ;
- Fermez les yeux ;
- Inspirez au maximum et réalisez une pause poumons pleins pour réajuster votre posture ;
- Expirez en faisant le « Om », en tenant le M (« mmmmm ») le plus longtemps possible, et en gardant une position droite ;
- À la fin de l'expiration, prenez le temps de vous réajuster afin de pouvoir inspirer au maximum de votre capacité ;
- Pratiquez au moins une dizaine de minutes quand vous décidez de le faire.

Comment agit cet exercice ?

Le son, la longue expiration et la focalisation favorisent un calme de l'esprit et une bascule vers le parasympathique provoquant une détente.

Pour qui est cet exercice ?

Cet exercice est plutôt à faire par des personnes ayant une bonne maîtrise de leur souffle. En effet, la longue expiration doit pouvoir être tenue sans générer du stress.

Quand faire cet exercice ?

C'est un exercice à faire en se prenant un moment dédié. Je recommande le soir en fin de journée mais pas spécialement avant de dormir.

2. Les raisons d'une efficacité limitée

Tous ces exercices ont un réel effet. Vraiment. Mais soyons honnêtes, avez-vous réussi à vous endormir en moins de cinq minutes avec le 4/7/8 ? Avez-vous réussi à arrêter le flux de pensées avec la respiration abdominale ; et si oui, à avoir maintenu ce flux silencieux au-delà des cinq minutes suivantes ? Est-ce que votre cœur s'est ralenti et est resté stable à ce niveau à la fin de votre cohérence cardiaque ?

Si vous découvrez ce livre en n'ayant jamais pratiqué la respiration consciente, il est probable que non. Alors oui, vous vous serez senti bien le temps de pratique pour la plupart de ces techniques. Mais cet effet est trivial par rapport à ce que ces techniques devraient déclencher chez vous. N'hésitez pas d'ailleurs à vous procurer un oxymètre pour suivre votre pouls ou d'autres appareils permettant de mesurer des constantes physiologiques afin de voir si ces pratiques ont un effet objectivable sur vous.

Je le répète, ces techniques marchent, très bien même, les témoignages de mes élèves montrent qu'ils ont un réel effet. La raison est que ce ne sont pas des techniques, ce sont des applications de principes de fonctionnement de notre corps. À partir de ces principes, on peut créer des centaines de techniques, l'important n'est pas là. L'important est d'avoir les qualités qui permettent d'utiliser correctement ces techniques et pour la bonne raison. Sinon, elles auront toutes le même effet, comme le décrivent Gerritsen et Band (Gerritsen and Band 2018), concernant toutes les pratiques contemplatives, et ne procureront au mieux qu'un soulagement ponctuel.

Attention, cela ne veut pas dire que le nombre important de techniques en respiration consciente n'a pas de sens, au contraire, mais à condition de savoir bien les exécuter tout en sachant quand les exécuter et surtout pourquoi.

Ainsi, le problème de la faible efficacité de ces techniques, est qu'il est peu probable que vous soyez dans l'état adéquat pour les utiliser efficacement, surtout si vous êtes en état de stress avancé. Contrairement à ce que l'on pourrait croire, parce que respirer est naturel, bien respirer demande des qualités. Et, même avec ces qualités, contrôler votre système nerveux autonome demande une certaine technicité. Or, cela est rarement dit, les gens enseignant juste des successions de motifs respiratoires... Par conséquent, nous allons étudier pourquoi des éléments précis sont requis pour bien utiliser ces techniques. Par la suite, dès que vous aurez travaillé autour de ces qualités (et le programme contre le stress présenté dans ce livre le permet), revenez essayer les techniques de cette liste pour tester la différence. Suivez également les conseils sur quand utiliser ces techniques et à qui elles s'adressent pour optimiser leur effet.

Voyons maintenant quelles qualités sont nécessaires pour la bonne réalisation des techniques respiratoires servant à diminuer le stress par une action sur le système nerveux autonome.

2.1. Le problème de tenir une respiration longue

Dans la plupart des techniques décrites ici, on va devoir allonger la respiration. Nous avons vu précédemment que cela a une influence sur le tonus vagal. Or, trois problèmes se présentent à vous lorsque vous tentez d'allonger votre respiration. Le premier est que pour faire cela, vous devez savoir maintenir un débit constant et jouer sur vos volumes pulmonaires, chose à laquelle on ne fait généralement pas attention. Le deuxième est que vous avez trop de tensions pour ne pas déclencher une dyspnée rapide (inconfort respiratoire). Le troisième est que vous êtes probablement très sensible au CO_2 à cause d'une respiration trop rapide (autour de 15 fois par minute) ce qui entraîne là aussi une intolérance aux respirations lentes.

Pour qu'une respiration longue ait un effet sur le stress, elle doit avant tout ne pas vous stresser ! Malheureusement, à cause de ces trois points, tout est présent pour que quelqu'un qui a une mauvaise respiration stresse encore plus !

Revenons donc sur chacun des points pour expliquer pourquoi ils sont si importants.

Tout d'abord, maintenir un débit constant implique, sur une respiration longue, que vous soyez capable de solliciter l'ensemble des muscles respiratoires, mais qu'en plus vous puissiez les contrôler correctement pour ne pas faire d'à-coups dans votre prise d'air. Ceci est nécessaire pour ne pas « sauter » d'étapes dans votre mécanique ventilatoire et donc potentiellement dépasser les volumes pulmonaires que vous devez utiliser. Or, si vous êtes stressé, il y a de fortes chances que vos muscles respiratoires soient peu mobiles et donc que le contrôle subtil de la respiration soit très difficile. Par conséquent, votre débit ne sera pas constant et vous risquez de ne pas pouvoir tenir la respiration longtemps autrement qu'en apnée et en résistance. Évidemment, cela va créer du stress.

Ensuite, toujours liée aux tensions musculaires en général : la dyspnée. Plus vous avez de tensions, plus la tolérance à la sensation de manque d'air diminue. C'est ce que l'on appelle la dyspnée. Or, si vous augmentez le temps de chaque respiration, vous allez être confronté à cette sensation dès que vous irez au-delà de vos habitudes. Cette sensation est malheureusement aussi cause de stress. Vous devez donc pouvoir améliorer votre capacité à la supporter pour pouvoir utiliser les techniques de respiration pour diminuer votre stress. Vous devez vous dire que c'est le serpent qui se mord la queue, et vous n'avez pas tort...

Enfin, la tolérance au CO_2 est un élément clé pour pouvoir allonger les respirations. Plus les respirations s'allongent, moins le CO_2 accumulé dans le sang est éliminé rapidement. Or, nous possédons des récepteurs au CO_2 qui nous permettent de relancer automatiquement la respiration quand le taux de CO_2 (et ses conséquences dérivées) est trop élevé. Lors d'une respiration dysfonctionnelle, la fréquence respiratoire augmente. Sans surprise, le stress est une des causes de cette augmentation. Cette augmentation de la ventilation a une conséquence puisque les récepteurs au CO_2 sont en contact avec une concentration de ce gaz de plus en plus faible, les rendant de plus en plus sensibles et donc réactifs plus tôt (Boulet, Tymko et al. 2016). La conséquence de cela est que lorsque l'on allonge la respiration, on risque d'être en lutte constante avec le réflexe respiratoire déclenché par le CO_2. Ceci va également causer du stress puisque le corps va « penser » qu'il ne reçoit pas la quantité d'air nécessaire à son fonctionnement.

Voilà les trois problèmes des respirations longues lorsque nous n'y sommes pas préparés. La conséquence est que ces techniques respiratoires auront tendance à exciter le système nerveux autonome au lieu de le calmer, déclenchant le stress.

2.2. Le problème d'une mauvaise mécanique respiratoire

Respirer est également un problème mécanique. D'ailleurs, je dis respirer par abus de langage mais le terme correct est bien « ventiler ». Ce problème peut être compensé en partie en travaillant sur le fait de mieux tolérer un allongement de la respiration en jouant sur votre tolérance au CO_2, mais ce ne sera jamais aussi efficace que de « réparer » votre mécanique ventilatoire.

Une mauvaise ventilation rentre dans les problématiques de poules et d'œufs... Est-ce que je ventile mal parce que je suis stressé ou suis-je stressé parce que je ventile mal ? En effet, une mauvaise ventilation va immanquablement entraîner une augmentation de la fréquence respiratoire et donc le niveau de stress. À l'inverse, le stress va augmenter la fréquence respiratoire jusqu'à parler d'hyperventilation (Schleifer, Ley et al. 2002), ce qui sur le long terme peut maintenir la mécanique ventilatoire dans cet état par adaptation musculaire...

Dans tous les cas, il faut donc s'intéresser à sa ventilation si on veut espérer être capable d'exécuter ces techniques.

Quelles sont les conséquences d'une mauvaise ventilation ? Tout d'abord, vous aurez des difficultés à mettre en place l'étage abdominal de votre ventilation sans forcer. Votre respiration sera donc trop haute et vous ne pourrez pas remplir vos poumons de façon optimale. Ensuite, vous devrez faire des efforts pour lutter contre les tensions musculaires liées à la mauvaise posture induite par une mauvaise ventilation. La conséquence est que vous serez obligé de vous stresser pour respirer de cette manière, avec un effet opposé à celui recherché.

Enfin, une mauvaise ventilation favorise l'apparition de douleurs musculaires telles que certaines lombalgies chroniques aspécifiques. Ces douleurs vont également gêner les longues respirations puisque le corps va chercher à éviter la zone algique qui est pourtant nécessaire à une ventilation complète. Cela va encore une fois générer soit du stress, soit une mauvaise exécution de la technique...

2.3. Le problème d'un tonus vagal trop faible

Lorsque vous êtes en stress chronique, vous êtes pris dans une boucle infernale dont le tonus vagal est au centre (Thayer, Hansen et al. 2009). Un tonus vagal faible va induire un interstitium (ou fascia) trop peu mobile et rétracté. La conséquence est double. D'abord, respirer va vous demander plus d'effort. En effet, vous allez devoir lutter musculairement contre le manque de mobilité de vos tissus. En particulier, il va être difficile d'aller chercher une respiration abdominale correcte, votre abdomen étant probablement en tension ; et la respiration claviculaire ne va pas être aisée non plus à cause des tensions autour de la gorge. Ces tensions se manifesteront encore plus pendant les allongements de respiration puisque ces dernières générant un stress, le SNV va encore plus contracter ces tissus.

Le tonus vagal faible va également être plus difficile à récupérer par la respiration. La raison est que si vous êtes en déséquilibre sympathique toute la journée, ce n'est pas dix minutes de respiration qui vont vous faire revenir durablement à un état neutre. Par conséquent, il va falloir plus de temps pour arriver à le ramener à un niveau de neutralité, puis éventuellement de calme. Les techniques respiratoires vont donc devoir être très bien effectuées et pratiquées longuement avant d'avoir un effet calmant. De plus, même en arrivant à se détendre ponctuellement, la faiblesse du tonus vagal aura toutes les chances de vous ramener rapidement en état de stress. Il va donc falloir remuscler le frein parasympathique pour avoir des effets durables.

Enfin, un tonus vagal faible est lié à une production continue de cortisol qui va entretenir une boucle d'induction du stress en désensibilisant vos mécanismes d'arrêt. Il faudra donc également équilibrer les effets de cette hormone.

2.4. Le problème d'un système émotionnel trop actif

Le système émotionnel, nous l'avons vu, intervient dans l'apparition du stress en tant qu'agent de stress ou de pondération. Si votre système émotionnel est surchargé, il peut contrebalancer les effets de votre respiration pour gérer le stress.

Les émotions ont une influence profonde sur notre corps, y compris sur nos muscles et leur mobilité. Des recherches ont démontré que des émotions intenses peuvent induire des tensions musculaires, qui, à leur tour, peuvent entraver une respiration fluide et sans effort (Boiten, Frijda et al. 1994). En particulier, la tension musculaire causée par le stress émotionnel peut rendre plus difficile l'atteinte d'une respiration abdominale et claviculaire adéquate, deux types de respiration essentiels à la régulation du stress. Enfin, les émotions ont une tendance à exciter l'esprit. Cette trop grande activité empêche d'être serein lors de la pratique d'exercices de respiration où l'on allonge les temps respiratoires. Ces exercices vont générer de la peur (se manifestant par de la dyspnée), de la colère (jugement négatif sur la pratique de l'exercice), de la tristesse (rumination mentale), ou de l'excitation (impossibilité de tenir en place pendant dix minutes et de se focaliser).

2.5. Le problème d'un mental trop actif

Les jugements et les valeurs ont la capacité d'augmenter l'intensité du stress. Ces mécanismes relèvent du domaine du mental et peuvent être aussi sources de stress. Dès que vous passez un petit moment à faire une tâche peu complexe (comme respirer), cela laisse le mental vagabonder et ramener les pensées sur ce qui va mal. Dès que le mental va pouvoir commenter, votre niveau de stress va réaugmenter. Le problème, c'est que les exercices de respiration sont justement une tâche peu complexe qui laisse beaucoup de place au mental.

Certains exercices qui nécessitent de compter permettent d'occuper un peu le mental ; mais rapidement, quand on ne fait pas attention, le problème réapparaît. C'est pourquoi, pour certaines personnes, ces techniques ne marcheront pas parce qu'elles laisseront un espace durant lequel le mental vient distraire le pratiquant.

Un mental trop actif diminue donc énormément l'efficacité de ces techniques et un mental actif est une des conséquences du stress. Encore cette histoire de cercle vicieux...

3. Comment exploiter au mieux ces techniques ?

Pourquoi avoir pris le temps de donner ces techniques si elles ne sont pas efficaces en l'état ?

La question est légitime. Tout d'abord, je vous ai donné ces techniques pour que vous puissiez tester les effets de ces respirations sur vous. Il est important d'expérimenter les différents états induits par ces techniques pour affiner vos sensations. Même si certains états ne seront pas durables ou que d'autres seront difficilement atteignables, la variété des exercices vous permettra tout de même d'expérimenter que les différentes techniques respiratoires provoquent différents phénomènes chez vous. Savoir de première main qu'il existe un effet permet de se motiver à aller plus loin ! De plus, c'est le début de l'éducation à la conscience corporelle et mentale. Être capable de différencier des états subtils que ces différentes techniques vont induire augmentera votre connaissance de vous-même.

Ensuite, en fonction de votre niveau de stress actuel et de votre expérience avec votre respiration, certaines techniques pourront se révéler efficaces pour vous. Si vous en pratiquez une qui marche immédiatement, pratiquez-la pour diminuer votre stress au quotidien ! Cela ne sera pas durable mais si vous pouvez baisser votre niveau de stress ponctuellement, c'est toujours ça en moins qui reste dans le corps. En ce qui concerne les techniques qui ne vous font rien, oubliez-les pour l'instant.

Ces points étant notés, ces techniques seront cependant très intéressantes une fois qu'un travail de fond aura été effectué. Certaines d'entre elles vont d'ailleurs être utilisées pour réaliser ce travail de fond. Lorsque le corps sera prêt, elles feront partie des techniques d'entretien et de progression pour maintenir un état détendu et apaisé. C'est ce que nous allons voir dans le chapitre suivant.

II. POURQUOI FAUT-IL UNE APPROCHE GLOBALE DU STRESS ?

Le stress ne peut pas être aborder avec une approche technique simple pour les raisons énoncées précédemment. Prétendre cela ne peut être qu'un mensonge ou du moins, rien de durable ou de transformant ne pourra se faire par une ou deux techniques seulement. Le système est trop complexe et interdépendant pour le traiter en un coup de façon simple.

Il faut donc mettre en place une vraie stratégie.

Cette stratégie se base principalement sur la prise en compte de tous les éléments que nous avons évoqués jusqu'ici. Grâce à la synthèse et la compréhension des différents mécanismes du stress mais aussi ceux des techniques de respiration, nous construirons une approche logique pour traiter le problème à tous les niveaux. Contrairement à ce que l'on pourrait croire, le chemin est plus simple qu'il n'y paraît.

Dans mon approche, le corps est un point d'entrée central. Souvent, le stress peut sembler être un problème de l'esprit comme l'ont soutenu pendant longtemps les tenants de la psychologie. Cependant, il y a une réalité physique, très matérielle, qui rappelle à la plupart d'entre nous que la pensée positive a ses limites. Si le corps fonctionne mal parce qu'il a acquis une mauvaise posture au cours du temps, ce n'est pas en discutant ou en réfléchissant qu'il va se rééquilibrer. C'est en agissant dessus. Cela ne veut pas dire que l'on va laisser l'esprit de côté, ce serait également une erreur, mais la porte d'entrée se fera, dans l'approche de la méthode $REBO_2T$, par le corps.

Dans ce chapitre, nous découvrirons comment mettre en place cette stratégie pour remettre le stress à sa juste place, celle d'un phénomène d'adaptation. Notre stratégie pour sortir de l'état de stress va consister à suivre trois étapes bien précises.

La première étape va servir à redonner au corps une plus grande capacité d'adaptation. Le stress chronique maintient le corps dans un état trop excité et bien trop tendu. Le SNV ne parvient plus à revenir vers un état neutre et à y rester. Notre travail à cette étape va être de redonner de la plasticité au corps et au SNV pour qu'ils puissent revenir plus facilement à un état de neutralité. Cette étape ne permettra pas d'y rester de façon durable mais nous donnera l'opportunité de le faire par la suite.

La deuxième étape va être de prendre conscience du stress et de ses manifestations, et d'apprendre à immédiatement couper la montée de stress quand elle apparaît. De cette manière, vous ne laisserez pas le stress s'accumuler au cours du temps et vous ne permettrez pas une somatisation de ce stress. Petit à petit, vous parviendrez grâce à cela à sortir de l'état de stress chronique. À la fin de cette étape, vous sentirez un regain d'énergie et un tas de problèmes liés à la somatisation pourront largement diminuer.

La troisième étape va s'intéresser plus à l'esprit bien que comportant un important travail sur les émotions que l'on traitera exhaustivement ensuite. Dans cette partie, on va s'intéresser à nos valeurs et leurs conséquences sur notre comportement et sur notre compréhension des situations. L'intensité du stress comme nous l'avons vu en introduction est liée étroitement à la pondération de notre expérience et de nos croyances. Travailler sur ses valeurs, c'est ajuster cette pondération. Cette étape est également la plus transformante aussi bien à un niveau mental que physique. À la fin de cette étape, vous serez moins enclin à développer du stress social puisque vous serez au clair sur les situations que vous vivez susceptible de vous en produire.

À la fin de ces trois étapes, le stress sera sous contrôle et vous serez beaucoup plus résilient face aux agents stressants. Vous pourrez alors, avec un entretien régulier, vous maintenir dans l'état énergétique

que vous souhaitez en fonction de vos besoins. Gardez cependant toujours en tête que l'énergie n'est pas gratuite et qu'il faut toujours un temps de repos lorsque vous en brulez beaucoup.

Voyons donc avec précision les trois étapes et les exercices associés.

1. Retrouver un corps capable de se transformer

La première étape consiste à retrouver un corps capable de se transformer pour ne plus être dominé par le stress. Pour cela, nous agirons sur le corps et sur le système nerveux autonome. En réduisant leur état respectif d'excitation, il sera plus aisé de créer un changement.

1.1. Détendre le corps

Commençons donc par le corps. Un corps stressé est un corps tendu et peu mobile. Cet état est lié à une grande somatisation comme vu précédemment et à une hyperréactivité des tissus liée à l'état sympathique. Le problème est que cet état signale au cerveau qu'il y a probablement une raison d'être stressé entretenant ainsi cet état. Nous allons donc commencer par faire en sorte de détendre les tissus pour couper cette boucle. Pour cela nous allons utiliser des techniques de respiration et de mobilité.

1.1.1. La respiration inversée en position debout

Nous avons déjà abordé la respiration inversée dans les techniques utiles pour se détendre. Ici, nous allons utiliser une variation plus mécanique qui va avoir pour effet de venir masser et étirer la zone abdominale et donc tous les muscles lisses et les fascias liés aux viscères qui sont les premiers à réagir au stress.

Vous allez faire cette respiration de la façon suivante :

- Mettez-vous en position debout, pieds à largeur d'épaule, et tête étirée vers le haut. Plaquez votre langue contre votre palais, sa pointe entre les incisives ;
- Inspirez par le nez en rentrant le ventre et en le montant contre votre colonne vertébrale ;
- Expirez par le nez mais en expulsant l'air par le fond de la gorge, un peu comme si vous essayiez de faire de la buée sur une vitre avec votre bouche, tout en relâchant votre abdomen ;

- Sur l'inspiration, cherchez à vous auto-agrandir le plus possible. Sur l'expiration, maintenez votre structure corporelle comme l'a placée votre inspiration. Ainsi, sur l'inspiration suivante, vous devriez être encore plus érigé ;
- Pratiquez cette respiration 5 minutes au minimum.

1.1.2. La respiration explosive

La respiration explosive est la respiration mécanique la plus puissante contre les problèmes de somatisation quand elle est bien réalisée. Son apprentissage est un peu technique mais elle en vaut la peine. Vous devez la pratiquer dès que vous repérez une sensation de stress ou immédiatement après avoir vécu une situation stressante.

Pour la faire, procédez ainsi :

- En position debout, assise ou couchée (oui elle est pratique), expirez par la bouche en expulsant l'air comme si vous toussiez (contraction isométrique du diaphragme et contraction du transverse) ;
- Inspirez de façon passive par le nez en pinçant vos lèvres pour empêcher l'air de passer par la bouche ;
- Recommencez à un rythme assez élevé d'un cycle par seconde environ.

(Pour une vidéo technique, vous pouvez consultez ma chaîne Youtube « Art de la respiration » ou mon site artdelarespiration.fr)

Cette respiration doit pouvoir se tenir une minute entière sans efforts particuliers avec de la pratique. Elle ne doit absolument pas générer de sensation d'hyperventilation (tête qui tourne). Si c'est le cas, c'est que votre inspiration a été active et non passive.

1.1.3. Apnées vides et respiration explosive

Les apnées vides sont un outil que j'utilise énormément dans mon travail respiratoire. Leur polyvalence est très appréciable et dans le cadre de la gestion du stress et de la préparation du corps, elles vont être d'une grande aide.

Dans cet exercice, nous allons utiliser les apnées vides pour révéler les tensions internes présentes dans notre buste afin de les relâcher ensuite par la respiration explosive. Vous allez donc pratiquer l'exercice suivant :

- Allongez-vous confortablement ;
- Respirez à pleins poumons quelques secondes ;
- Inspirez au maximum, expirez passivement en vous détendant et bloquez votre respiration ;

- Tenez jusqu'à ce que vous sentiez apparaître les premiers spasmes dans le buste ou la gorge ;
- Posez votre main sur la zone spasmée ;
- Respirez en respiration explosive en ciblant la zone sous la main jusqu'à ce que vous ne sentiez plus de tension ;
- Recommencez.

Sur l'apnée suivante, la zone que vous venez de travailler ne doit pas réagir autant voire ne pas réagir du tout. Si ce n'est pas le cas, recommencez. Si elle ne réagit plus, cherchez la zone suivante pendant l'apnée vide puis faites la même chose dessus.

De cette manière, vous allez mobiliser vos tensions internes et vous détendre.

1.1.4. Apnées pleines et respiration explosive

L'apnée pleine peut également être un très bon outil de stretching interne. En effet, la pression interne de l'air dans les poumons provoque une tension sur les tissus et les muscles, ce qui permet de créer une situation d'étirement. C'est donc une bonne solution pour venir mobiliser les tissus. Avec la respiration explosive en plus, nous allons pouvoir amplifier la mobilité gagnée par l'étirement.

Pour faire cet exercice :

- Allongez-vous confortablement ;
- Inspirez à pleins poumons ;
- Bloquez votre respiration une dizaine de secondes ;
- Détendez-vous poumons pleins ;
- Expirez passivement ;
- Mettez en place une respiration explosive de 30 secondes ;
- Recommencez une dizaine de fois.

Entre chaque série, prenez le temps d'observer les changements, le gain de mobilité et conscientisez les zones encore tendues pour les cibler plus spécifiquement la fois suivante.

1.1.5. Les quatre respirations

Les quatre respirations est un exercice que j'ai développé pour venir mobiliser en profondeur les trois plexus fasciaux principaux du buste : le plexus pelvien, le plexus diaphragmatique et le plexus cervical. Cette technique permet de créer du mouvement dans ces zones souvent trop rigides. Pour réaliser cette technique voici comment faire :

- En position assise, le dos bien droit, prenez une ou deux grandes respirations avant de commencer l'exercice ;
- Pendant 20 secondes, réalisez la respiration inversée ;
- Pendant 20 seconde, passez à la respiration explosive ;
- Pendant 20 secondes, mettez votre tête en arrière, ouvrez la bouche et tirez légèrement la langue puis haletez comme le ferait un chien essoufflé ;
- Pendant 20 seconde, posez votre index entre vos deux yeux et inspirez par le nez en ciblant votre doigt avec le flux d'air puis expirez par le nez ;
- Recommencez le cycle 5 fois minimum.

Prenez le temps à la fin de l'exercice de prendre des grandes respirations pour mettre en conscience les zones du corps que vous avez libérées au cours de la pratique.

« La respiration avec inspiration entre les deux yeux m'est utile pour la concentration mais aussi pour aider à vider la tête en cas de contrariété. »

Anne

1.1.6. Libérer la tristesse

La tristesse est une émotion qui nous permet d'accepter l'abandon ou la fin de quelque chose. La tristesse qui ne se manifeste pas va empêcher ce processus, ce qui va induire du stress puisqu'on va chercher une solution pour ne pas abandonner ce qui ne peut pas être autrement. On reviendra sur les émotions dans le chapitre suivant.

La tristesse se loge dans la cage thoracique et la gorge via des tensions très physique. L'exercice que je propose ici permet de détendre la zone. Des manifestations végétatives peuvent avoir lieu comme des larmes qui coulent, des bâillements et bien sûr des contractions qui vous font ressentir de la tristesse comme la gorge qui se noue. Ces manifestations sont le signe que les tissus bougent et que de l'espace et de la mobilité se crée. Laissez donc faire sans chercher à intervenir ou à contrôler.

Voici comment pratiquer cet exercice :

- Allongez-vous confortablement. N'hésitez pas à vous couvrir d'une couverture, l'exercice étant long et le corps pouvant se refroidir ;
- Posez vos mains à plats sur votre poitrine et posez votre attention sur le point de contact entre les mains et le thorax ;
- Sur l'inspiration, repoussez vos mains ;

- Sur l'expiration, saccadez le souffle, comme si vous sanglotiez et laissez les mains « rentrer » dans la poitrine ;
- Exécutez cet exercice pendant au moins 10 minutes.

Vous allez expérimenter des changements par phase, c'est-à-dire que vous allez observer des manifestations, parfois assez fortes puis plus rien pendant plusieurs minutes. Continuez quand même parce qu'il est tout à fait possible que de nouvelles manifestations apparaissent de façon inattendue.

1.1.7. Mouvements et mobilité interne

En plus de ces respirations, j'utilise quelques mouvements physiques pour aider à détendre le corps. Pour cela, la mise en place de mouvements incluant l'ensemble du corps et alimentés par le geste ventilatoire est nécessaire.

J'appelle le premier mouvement « ouverture et fermeture ».

- Positionnez-vous debout, les pieds écartées au-delà des épaules ;

- Étendez vos bras sur les côtés et levez-les pour qu'ils soient parallèles au sol mains ouvertes et paumes des mains vers l'avant ;
- Sur l'inspiration par le nez, vrillez les poignets pour amener la paume de la main vers l'arrière en passant par la position paume de la main vers le haut ;
- Laissez cette vrille ouvrir votre cage thoracique et amener votre buste et votre tête penchés légèrement sur l'arrière ;
- Sur l'expiration par le nez, réalisez la vrille en sens inverse pour vous faire pencher en avant en arrondissant le dos ;
- Recommencez ensuite sur l'inspiration suivante et pratiquez pendant environ 5 minutes.

Le second mouvement s'appelle le « tonneau » :

- Fléchissez vos jambes comme si vous étiez assis sur une chaise ;
- Étirez bien votre tête ;
- Positionnez vos bras comme si vous portiez un gros tonneau, les doigts des mains bien étirés ;
- Passez avec un mouvement de rotation du buste le tonneau au-dessus de votre tête puis redescendez en position sur une inspiration nasale ;
- Sur l'expiration par le nez, recommencez en sens inverse ;
- Pratiquez ainsi pendant 5 minutes.

1.2. Détendre le mental

En parallèle du travail corporel, un travail sur le mental doit également être réalisé. En effet, de la même manière que le corps doit être souple et disponible pour pouvoir changer, le mental doit également être capable d'être beaucoup plus plastique. Nous allons donc voir ici quelques exercices pour commencer à mettre cela en place.

Cependant, avant de démarrer, il convient de définir ce que nous allons considérer par le terme « mental ». Dans notre cas, ce terme va regrouper l'état d'excitation de notre système nerveux mais également les mécanismes de notre pensée. Nous allons donc agir sur ces deux aspects, l'un qui tend plus vers le physiologique, l'autre plus vers le psychologique.

Cela étant posé, voyons les exercices en question.

1.2.1. Respiration rythmique

La respiration rythmique est une respiration que j'ai dérivée à partir de la respiration explosive et qui va concerner à 90 % le mental. Dans la méthode $REBO_2T$, c'est la respiration que j'ai dédiée à l'aspect psychologique du stress. C'est une technique à utiliser dès qu'une situation perturbe l'esprit.

Pour la pratiquer, c'est ainsi :

- En position debout, assise ou allongée ;
- Gardez vos lèvres pincées ;
- Expirez comme si vous vouliez siffler d'une façon très courte. La pression va ouvrir les lèvres pour sortir l'air et dès que l'air est sorti, les lèvres se repincent ;
- Inspirez passivement en laissant l'air entrer par le nez ;
- Recommencez.

Essayez de tenir un rythme d'environ une respiration par seconde minimum. Si vous le pratiquez bien, vous devez sentir que vous mobilisez surtout la partie thoracique haute.

1.2.2. 3/3/6/3

Le motif 3/3/6/3 est un motif que j'ai développé pour permettre à des personnes n'étant pas spécialement entraînées d'avoir un outil simple pour déséquilibrer le système végétatif vers le parasympathique tout en gardant une lucidité mentale. Cela en fait une technique idéale pour la journée quand on veut faire redescendre une trop grande pression.

Voici comment la pratiquer :

- En position assise ;
- Inspirez par le nez sur 3 temps sans réaliser d'efforts pour inspirer plus ;
- Bloquez votre respiration sur 3 temps ;
- Expirez par le nez sur 6 temps de la façon la plus passive possible sans chercher à forcer l'expiration ;
- Bloquez à nouveau sur 3 temps ;
- Répétez le cycle au moins 5 minutes.

Observez au fur et à mesure du travail vos pensées diminuer et vos tissus se détendre.

1.2.3. 2/6/6

En étant plus à l'aise avec votre respiration, il sera intéressant de troquer le 3/3/6/3 contre le 2/6/6. Cette variante du 2/6 permet également de détendre le corps et de calmer l'esprit sans toutefois perdre sa vigilance comme c'est le cas du 2/6.

Dans cet exercice, nous allons respirer sur trois phases, inspiration, pause inspiratoire et expiration.

- En position assise ;
- Inspirez sur 2 temps par le nez sans forcer votre inspiration ;
- Bloquez ensuite votre respiration sur 6 temps ;
- Expirez finalement sur 6 temps ;
- Recommencez et pratiquez pendant au moins 5 minutes.

Cet exercice va immédiatement poser vos pensées et au fil du temps, sa pratique vous permettra de retourner rapidement à cet état de calme mental.

1.2.4. La respiration de l'abeille

Nous avons déjà vu la respiration de l'abeille. Je vous conseille de la pratiquer après vous être échauffé avec d'autres types de respiration afin de pouvoir allonger vos temps d'expiration.

Voici comment le pratiquer :

- En position assise, dos droit ;
- Placez chacun de vos pouces sur chaque oreille et le majeur sur les paupières sans appuyer ;

- Inspirez par le nez à plein poumon en étirant votre tête au maximum ;
- Expirez par le nez, la bouche fermée en faisant le son « mmmmh » qui ressemble au bruit des ailes d'une abeille. On va ajouter ici un détail important, cherchez à faire vibrer l'arrière de votre crâne ;
- Tenez l'expiration le plus longtemps possible ;
- Pendant l'expiration, bouchez vos oreilles avec les pouces et appliquez une très légère pression sur les yeux avec les majeurs ;
- Continuez tant que c'est agréable au minimum une dizaine de minutes.

Après cette session, prenez le temps avant de reprendre vos activités.

2. Reconnaître et prêter attention à l'apparition du stress

La deuxième phase consiste à devenir plus conscient du stress et de ses effets au niveau corps et mental. L'objectif est de ne pas laisser s'accumuler les effets du stress qui auront une influence de plus en plus grande sur notre capacité à revenir à un état d'équilibre.
La stratégie va être assez simple : utiliser des exercices qui vont générer du stress afin d'apprendre à le neutraliser et prendre l'habitude de noter au cours de

la journée les éléments qui nous font stresser et se demander pourquoi.

2.1. Comment se manifeste le stress dans le corps ?

Comment se familiariser avec le stress ? Bien sûr, nous savons tous ce qu'est le stress mais sommes-nous vraiment familiers avec ? Savons-nous vraiment comment il se manifeste ? Où ? Combien de temps ? Est-ce toujours pareil ?

Pour répondre à ces questions, nous allons induire volontairement un état de stress dans le corps et observer ses effets.

Nous allons voir comment faire cela avec les exercices suivants.

2.1.1. L'apnée vide pour révéler la réaction du corps au stress

Une méthode simple, rapide et absolument sûre pour générer du stress est l'apnée vide. L'apnée vide permet en quelques dizaines de secondes de déclencher un état de stress dans le corps qui va donc nous donner une occasion facile pour l'observer. Moins vous êtes bons en apnée, plus l'exercice sera efficace puisque vous pourrez plus rapidement observer l'arrivée du stress.

Pour le pratiquer, commencez par vous allonger confortablement.

- Inspirez au maximum par le nez ;
- Laissez une expiration passive se faire ;
- Bloquez ensuite votre souffle en restant le plus détendu possible ;
- Au fur et à mesure de l'apnée, observez les zones qui commencent à se tendre lorsque l'apnée est désagréable mais pas difficile ;
- Réinspirez avant que cela ne devienne difficile ;
- Récupérez, observez vos tensions ;
- Recommencez.

Cet exercice est réellement très efficace pour devenir conscient de la montée de stress. Plus vous le ferez, plus vous serez familier avec cette sensation et serez capables de la reconnaître.

2.1.2. Allonger la respiration

Une autre façon de générer du stress pour observer et éliminer ses manifestations corporelles et de combiner une dyspnée avec un contrôle musculaire fin. Pour cela, j'utilise l'exercice que j'appelle « allonger ».

Dans cet exercice, l'objectif est d'allonger le temps des cycles respiratoires au maximum. En faisant cela, il va falloir détendre au fur et à mesure qu'elles apparaissent, les tensions liées au stress. Pour les éliminer au fur et à mesure, nous allons créer de l'espace par l'auto-massage via des appuis sur la zone tendue mais également par de la mobilisation du corps autour de ces zones. Il ne faut donc pas hésiter à beaucoup bouger pendant l'exercice.

Voici comment le mettre en place :

- Inspirez par le nez sur 1 temps (arbitraire) ;
- Expirez par le nez sur 1 temps (égal au temps d'inspiration) ;
- Réalisez ce cycle respiratoire en partant bien de l'abdomen ;
- Recommencez en inspirant sur 2 temps et en expirant sur 2 temps ;
- Continuez à monter en observant le corps se tendre, gênant la respiration ;

- Restez sur le compte respiratoire qui vous cause un niveau de tension corporelle vous permettant de continuer l'exercice mais pas de rajouter un temps supplémentaire. À ce compte, mobilisez et massez jusqu'à pouvoir continuer à monter ;
- Continuez jusqu'à ce que vous bloquiez et que vous ne parveniez plus à monter. Dans ce cas, redescendez de 2 en 2 jusqu'à finir sur 3 temps d'inspiration et 3 temps d'expiration.

Observez ensuite votre respiration pour constater les changements et le gain en liberté de mouvement.

2.1.3. Penser le stress

Le stress, nous l'avons vu, peut être activé par les pensées. Nous allons donc les utiliser pour provoquer un stress et observer comment le corps y répond. Le plus simple est de commencer en utilisant votre mémoire et en vous rappelant de situation qui vous ont stressé. D'abord, un stress modéré et au fur et à mesure aller vers un stress plus intense. Dans un second temps vous utiliserez des situations que vous craignez pour induire la réaction de stress.

- Asseyez-vous ou allongez-vous ;
- Fermez les yeux ;

– Inspirez sur 6 temps, expirez sur 4 temps ;
– Sur l'inspiration, rappelez-vous de la situation ;
– Sur l'expiration, observez les changements dans le corps ;
– Répétez en gardant la même situation ou en changeant si vous ne ressentez pas d'effets ;
– Notez les réactions du corps.

N'hésitez pas à comparer les réactions avec celles de l'apnée vide. Normalement, vous devriez vous retrouver avec une cartographie similaire des tensions qui apparaissent.

2.1.4. Autre exposition au stress

Toute exposition au stress pour peu qu'elle ne soit pas dangereuse et facile à mettre en œuvre est intéressante pour apprendre à reconnaître le stress et à devenir familier avec lui. Je vais donc vous proposer ici d'autres inducteurs de stress facilement utilisables.

Le froid tout d'abord. Son accès est simple les trois quart de l'année puisqu'une simple douche suffit à s'y exposer. Rester entre cinq et dix minutes dans une eau à une douzaine de degrés suffit à générer du stress. Si vous décidez de le faire, notez alors les réactions corporelles au cours du temps. Inutile de rester plus d'une dizaine de minutes.

La douleur est également un bon inducteur de stress. Si vous souhaitez utiliser cette option, il y a cependant plusieurs points d'attention à avoir. D'abord, le niveau de douleur doit être suffisamment bas pour que vous puissiez rester lucide pour votre observation. Ensuite, la douleur doit être continue et ne pas présenter d'à-coup. Enfin, elle ne doit bien évidemment pas créer de lésions. J'utilise souvent des poids comme des kettlebells ou des rouleaux de massages que je mets sur les quadriceps qui sont douloureux chez la plupart des gens. Vous pouvez aussi cibler le *fascia lata*.

Dans tous les cas, utilisez ces variantes pour continuer à observer le stress apparaître et agir sur votre corps.

2.2. Comment neutraliser le stress

Maintenant que vous vous êtes familiarisé avec le stress et son apparition, l'objectif va être de le neutraliser au moment où il arrive pour éviter qu'un cercle vicieux ne s'alimente. En effet, l'accumulation de stress maintient votre corps en état stressé indiquant alors à votre système nerveux qu'il faut stresser…

Nous allons donc faire en sorte que le stress ne s'accumule pas une fois que la raison de son apparition est réglée. Pour cela, la stratégie est de créer un maximum de mouvement au moment où le stress arrive pour éviter que les tissus ne se contractent trop, maintenant le corps dans cet état de stress.
Voyons les exercices pour y parvenir.

2.2.1. Apnée vide puis respiration explosive

Nous allons réutiliser l'apnée vide pour venir stimuler les zones que le stress vient tendre lorsqu'il se manifeste. Vous avez normalement déterminé ces zones dans la partie précédente. La différence ici est que nous allons pousser un peu plus loin l'apnée et que nous allons directement enchaîner avec une respiration explosive pour venir mobiliser les zones qui se seront tendues. Nous utiliserons le principe du « contracté, relâché » pour détendre les tissus.

Voici comment réaliser cet exercice :

- En position allongée ;
- Inspirez au maximum puis expirez de façon passive ;
- Bloquez votre respiration et tenez votre maximum ;
- Expirez le peu d'air qu'il reste dans vos poumons ;

- Mettez directement en place votre respiration explosive ;
- Gardez votre respiration explosive trois temps pour un temps d'apnée vide (ex : 1 minute d'apnée vide, 3 minutes de respiration explosive) ;
- Faites ceci 3 fois.

Vous devriez sentir à chaque cycle que vous pouvez tenir plus longtemps sans être en difficulté. Si ce n'est pas le cas, cela signifie que votre récupération n'est pas assez longue.

2.2.2. Allonger la respiration, masser et mobiliser

L'exercice « allonger » est un des exercices de base sur lesquels s'appuie ma méthode de respiration. Le principe est simple, on allonge au cours du temps notre respiration. Ceci permet au fur et à mesure d'identifier les zones peu mobiles au niveau du tronc qui nous empêchent d'avoir une respiration de plus en plus profonde.

Dans cette version de l'exercice, nous allons ajouter à cela des étirements et des auto-massages pendant l'exercice pour relâcher et mobiliser les zones les moins mobiles. Voici comment effectuer cet exercice :

- En position allongée ou assise ;
- Inspirez et expirez par le nez en sollicitant systématiquement toute votre capacité respiratoire ;
- Commencez en inspirant pendant 1 temps et en expirant pendant 1 temps ;
- Puis, inspirez sur 2 temps et expirez sur 2 temps ;
- Continuez ainsi jusqu'à arriver à 10 temps vous inspirez, 10 temps vous expirez ;
- Redescendez ensuite jusqu'à 1 temps d'inspiration, 1 temps d'expiration.

Notez que ce sont des temps arbitraires. Le plus simple est de se caler sur des secondes mais si c'est trop long pour vous, vous pouvez faire moins. À chaque fois que vous êtes sur un palier, observez les zones qui vous empêchent de ventiler correctement et chercher à vous étirer, à bouger et à appuyer sur ces zones pour les rendre plus mobiles. Ne cherchez pas à monter dans les comptes tant que le compte précédent n'est pas faisable confortablement.

2.2.3. Contracter et relâcher

Le contracter et relâcher est une technique à la fois puissante et simple à effectuer quand un travail préparatoire a été réalisé en amont. Elle consiste à combiner des contractions en apnée suivies par une longue expiration en se relâchant.

- Allongez-vous confortablement ;
- Inspirez à volume courant ;
- Bloquez votre respiration après l'inspiration ;
- Contractez l'ensemble de votre corps. Préférez être précis dans le fait de contracter tout le corps plutôt que de contracter fort ;
- Gardez la contraction et l'apnée pendant une quinzaine de secondes ;
- Expirez longuement en relâchant le corps ;
- Recommencez.

Cet exercice doit durer au moins cinq minutes durant lesquelles vous répétez les cycles.

2.2.4. Trembler

Les tremblements sont un mouvement réflexe naturel qui a lieu lors d'un stress important. Certains auteurs considèrent que trembler après un stress permet d'évacuer une éventuelle somatisation après l'évènement. On retrouve ce réflexe chez la plupart des mammifères. Chez l'Homme, ce comportement est largement inhibé d'un point de vue social ce qui, toujours selon certains auteurs que je rejoins d'un point de vue empirique, provoque une somatisation maintenant la personne dans l'état de stress. Le « *Trauma Release Exercise* » (TRE) est une technique qui consiste à faire trembler la personne pour évacuer ce stress somatisé (Berceli and Napoli 2006).

Ici, je vais proposer une technique de tremblement que j'utilise, basée sur la forme respiratoire plutôt que sur la génération de fatigue musculaire comme c'est le cas dans le TRE.

Pour la pratiquer, commencez par vous allonger sur un tapis. Évitez un support trop mou comme un matelas.

- En position allongée, étirez votre tête, tout en rentrant le ventre, comme pour une respiration inversée ;
- Inspirez en gardant cette position par le nez et expirez également par le nez ;
- Venez ensuite ramener les talons vers vos fesses en collant les plantes de pied l'une avec l'autre. Vos jambes forment alors comme des ailes de papillon ;
- Positionnez vos genoux à environ 45° du sol et relâchez vos jambes au maximum sans les laisser tomber. Vous sentirez alors que les genoux vont se mettre à légèrement trembler pour trouver une position de repos ;

- Amplifiez ces tremblements volontairement en continuant à étirer votre tête et votre colonne ;
- Petit à petit, les tremblements se feront automatiquement ;
- Tremblez quelques minutes en faisant des pauses toutes les 3 ou 4 minutes.

Au fur et à mesure, vous aurez de moins en moins de tremblements. Cela vous donnera une bonne idée du niveau de stress stocké dans les tissus et vous permettra de le neutraliser.

2.2.5. Hyperventilation

Les hyperventilations sont un classiques des respirations conscientes. Leur utilisation, suivie d'une longue apnée vide, provoque un stress intense qui peut casser la boucle du stress chronique dans une certaine mesure en produisant une grande quantité ponctuelle de cortisol. Cette apnée vide est facilitée par l'hyperventilation qui déclenche une hypocapnie « endormant » ainsi le réflexe inspiratoire (pour en savoir plus, référez-vous à mon premier livre, *La Maîtrise du Souffle* aux éditions Solar).

Dans le protocole suivant, nous allons suivre quatre cycles : une trentaine d'hyperventilations, suivies d'une apnée vide, suivie d'une apnée pleine et enfin d'une apnée vide.

- Inspirez par le nez plein poumons en 2 fois ;
- Expirez en vous relâchant au maximum ;
- Recommencez 30 fois ;
- Sur la dernière expiration, restez en apnée tant que c'est agréable ;
- Réinspirez et restez en apnée pleine une vingtaine de seconde ;
- Expirez puis apnée vide tant que c'est agréable ;
- Refaites le cycle 3 fois.

N'essayez pas de forcer votre apnée vide, il ne s'agit pas d'un travail pour améliorer son apnée mais simplement de gérer le stress.

3. Comprendre ses valeurs et les ajuster

Voyons maintenant la dernière étape du travail : la compréhension de notre fonctionnement. Cette compréhension va nous permettre de connaître les raisons pour lesquelles nous stressons. Cette connaissance nous permettra de vivre en conscience la situation potentiellement stressante et ainsi de moins, voire ne plus stresser.

Notre manière d'interagir avec le monde se base principalement sur nos préjugés, eux-mêmes construits à partir de l'expérience ou de notre éducation/conditionnement. La raison à cela est que la mise en place de comportements automatiques permet de gagner du temps en s'économisant l'analyse d'une situation vue et revue. Certaines personnes ont en partie conscientisé cela dans leur quotidien en faisant, par exemple, en sorte de ne jamais avoir à choisir comment s'habiller en composant leur garde-robe uniquement de la même tenue. Barack Obama était partisan de cela durant son mandat présidentiel tandis que Mark Zuckerberg a dit que sa garde-robe se compose de jean et de t-shirt. Pour ces deux hommes, cela faisait partie de leur stratégie pour économiser de l'énergie et n'ayant pas à prendre cette décision.

Les préjugés et les étiquettes servent à cela : simplifier l'action en économisant de l'énergie. La conséquence est qu'un grand nombre de vos réactions sont automatiques. Vous les effectuez sans réfléchir à pourquoi. Typiquement, quelqu'un qui vous dit bonjour en tendant la main, vous lui tendez la vôtre en retour. Ou encore, quand vous voulez couper quelque chose dans votre assiette, vous prenez machinalement votre couteau. Vous ne réfléchissez pas à la meilleure façon de couper et ne vous demandez pas si finalement vous ne devriez pas utiliser vos doigts. Tout cela conduit à la construction de réactions automatiques.

Le problème apparaît quand nous ne sommes pas conscients de ces comportements. La raison est que la pertinence de ces comportements va globalement être basée sur de la chance. La chance d'avoir été bien éduqué, la chance d'avoir mis en place une réaction automatique pertinente quand vous avez eu à le faire...

Or, parfois vous pouvez ne pas avoir de chance et avoir développé une réponse non adaptée que vous subissez inlassablement chaque fois qu'une situation identique se représente. Pire, vous pouvez même rechercher ces situations inconsciemment parce que dans votre programmation, la situation est nécessaire pour répondre à votre conditionnement déficient. Évidemment, cela a toutes les chances de provoquer du stress et de maintenir cet état dans le temps.

C'est pourquoi dans le parcours de gestion du stress, nous allons utiliser des exercices pour mettre ces processus en conscience et décider s'il est intéressant ou pas de les garder. Ce travail va déboucher sur un outil que j'ai développé spécifiquement, « l'arbre des pourquoi ».

Voyons comment arriver à cette construction pas à pas.

3.1. L'état de travail profond

Le problème du travail introspectif, et c'est bien ce que nous allons aborder ici, est de demander une distance avec le sujet d'observation, c'est-à-dire soi-même. Ceci est, vous en conviendrez, assez compliqué. C'est pourquoi il est nécessaire pour la plupart des gens d'être accompagné. Dans notre cas, nous allons utiliser une stratégie particulière qui est rendue possible par tout le travail de stabilisation du corps fait en amont.

En effet, grâce à cette diminution du « bruit corporel », nous allons pouvoir nous plonger dans des états de focalisation assez intense qui vont nous permettre de faire ce travail introspectif. Pour être sûr d'y parvenir, je vais donner ici un protocole pour vous donner vingt minutes de pratique introspective intense.

- Trouvez un endroit au calme, éteignez votre téléphone et prévoyez au moins une vingtaine de minutes ;
- Fixez vos objectifs de la session en les notant sur une feuille ;
- Asseyez-vous le dos droit et commencez par mettre en place une respiration rythmique (II.1.2.1) pendant une dizaine de secondes ;

- Continuez ensuite avec une respiration de type « feu ». Pour cela, inspirez et expirez le plus vite possible par le nez (au moins une respiration par seconde) en posant votre doigt entre les sourcils ;
- Essayez d'envoyer le flux d'air entre les deux yeux pendant toute la pratique ;
- Respirez ainsi pendant 1 minute ;
- Effectuez une pause pendant 20 secondes ;
- Recommencez 5 fois ;
- Respirez ensuite normalement de façon ample par le nez et commencez votre pratique introspective ;
- Dès que vous sentez du stress monter (grâce à votre expérience développée en partie 2) ou vos pensées partir, remettez en place une respiration rythmique.

Normalement, vous devriez avoir l'esprit clair avec ces outils pour pouvoir correctement pratiquer les exercices d'introspections suivants.

3.2. Lister au quotidien

Cette pratique est plutôt à faire en fin de journée, au calme, assis devant un bureau avec un cahier et un stylo. Dans un premier temps, mettez en place le protocole de travail profond.

Commencez en repassant votre journée et notez toutes les situations de stress (ressenties négativement mais aussi positivement) auxquelles vous avez été confrontées. Notez-les en essayant de vous rappeler l'intensité du stress ressenti et listez ces situations de la plus intense à la moins intense.

Ensuite, poursuivez en notant de la même manière les situations ou les choses qui vous contrarient et vous stressent. Là aussi, essayez de les trier par ordres d'intensité dans les effets qu'elles produisent chez vous.

Enfin, terminez en listant les choses qui vous plaisent et de la même manière triez-les en fonction de l'intensité de l'effet qu'elles produisent, là aussi du plus intense au moins intense.

Essayez ensuite de mettre les situations quotidiennes en lien avec ces situations plus générales pour les catégoriser. Regardez ensuite si vous pouvez mettre un terme sur chaque catégorie pour la nommer.

Par exemple :

- *Aujourd'hui, prendre la voiture dans un trafic intense m'a stressé ;*
- *Aujourd'hui, un élément perturbateur est venu rendre impossible la stratégie que j'ai mis en place au travail. Je dois tout refaire sans savoir si cela ne va pas se reproduire. Cela m'a stressé toute la journée et encore maintenant ;*
- *Prendre l'avion me stresse en général ;*
- *Je dois aller dans un dîner où je ne connais personne, ça me stresse ;*
- *J'aime préparer et organiser mes vacances.*

On peut regrouper tout cela sous le terme de « besoin de contrôle ».

Au fil des jours, regardez si vous créez de nouvelles « boîtes » ou si les situations qui vous stressent reviennent toujours dans les mêmes.

3.3. L'arbre des « pourquoi »

À partir de des situations listées, nous allons pouvoir construire un outil puissant que j'ai développé pour cartographier les mécanismes qui nous mettent en difficulté, générant du stress de façon inadaptée.

Cet outil, je l'appelle l'arbre des pourquoi. Cet arbre consiste à remonter les causes de nos mécanismes automatiques pour comprendre pourquoi on se comporte ainsi. On aboutit ainsi à une véritable carte de vos comportements qui vous permettra de réagir en conscience et de diminuer drastiquement la génération du stress. En effet, un comportement non adapté à qui vous êtes et donc ce que vous êtes capable de tolérer va nécessairement générer du stress. Rappelez-vous, le stress se manifeste lorsque vous perdez votre état d'équilibre. Ces comportements non adaptés à vous provoquent ce déséquilibre et donc du stress. Je précise bien à vous parce qu'une autre personne dans la même situation pourrait ne pas stresser du tout face au même comportement si ce comportement lui correspond.

Comprendre vos mécanismes automatiques entraînant vos comportements permettront donc de savoir pourquoi vous les mettez en place et s'ils sont adaptés à vous. À terme, vous reconfigurerez votre façon de réagir afin qu'elle soit plus adaptée à qui vous êtes. Évidemment, il est intéressant d'être aidé pour la construction de cet arbre mais je vous donne ici de quoi jouer un peu avec l'outil pour voir si vous retrouvez une cause plus profonde à votre stress qui pourrait éclairer des comportements inconscients non adapté à vous.

Comment construire cet arbre ?

Nous allons le construire depuis l'extrémité visible : les feuilles. Chaque feuille représente une situation que l'on va analyser. On va se demander pourquoi la situation va créer une réaction donnée chez nous et/ou en quoi c'est un problème.

Pour faire simple, nous allons partir de ce que nous avons listé précédemment. La première situation représente par exemple « prendre la voiture dans un trafic intense m'a stressé ». On va se demander pourquoi la situation m'a stressé. Une réponse pourrait être, parce que les gens autour font n'importe quoi. Cela donnera une première branche à mon arbre. Ensuite, je me demande quel est le problème avec les gens qui font n'importe quoi. Peut-être que la réponse sera, parce qu'ils sont dangereux. Nouvelle branche. Quel est le problème avec le fait qu'ils soient dangereux ? Ils risquent de me blesser. Quel est le problème avec être blessé ? Ne plus être en possession de mes moyens. Quel est le problème avec ne plus être en possession de ses moyens ? Cela restreint ma liberté. Pourquoi est-ce un problème ? Parce que je ne peux pas faire ce que je veux. Quel est le problème avec ça ? Ma vie n'a pas de sens si je n'y fais pas ce que je veux. Pourquoi ? Parce que c'est ce que je suis. Et pourquoi c'est un problème de ne plus être ce que je suis ? Parce sinon je n'ai plus d'identité. D'individualité. Et quel est le problème ? Je n'existe pas. Et en général, on ne va pas plus bas.

En faisant cela sur de nombreuses situations, vous tomberez toujours sur les mêmes raisons profondes de vos peurs et vous pourrez ainsi dégager en regardant les branches au-dessus, les comportements automatiques que vous mettez en place pour y répondre et qui déclenchent l'apparition d'un stress s'ils ne correspondent pas à un fonctionnement normal pour vous. À vous de voir ensuite si vous les jugez correspondre à qui vous êtes ou non. S'ils ne vous correspondent pas, alors pourquoi ne pas essayer de les changer.

Ce travail est conceptuellement très simple. Le problème dépend de si vous êtes en capacité d'être assez lucide sur vous-mêmes pour le faire. C'est pour cela qu'il est nécessaire d'utiliser les techniques de mise en état de travail profond afin de pouvoir observer le plus clairement possible qui on est. Mettez-vous donc en condition avant la pratique.

Enfin, il y a deux écueils principaux dans cette technique. Le premier est de partir dans des boucles. Cela signifie que vos pourquoi vous ramènent toujours au même endroit. Si vous tombez dans une de ces boucles, c'est qu'à un moment donné, vous ne voulez pas aller plus bas. Observez le moment au cours duquel vous revenez à la case départ et reposez la question précédente.

Le deuxième écueil est de déplacer la réponse au problème sur l'extérieur. Cet exercice ne concerne que vous et pourquoi vous réagissez à telle ou telle chose. Prenons un exemple, vous n'aimez pas une personne parce qu'elle a tel comportement. Vous avez toutes les chances de justifier cela par ce comportement qui nuit aux autres. Mais dans ce cas-là, vous donner une explication externe. La question c'est qu'est-ce que ça provoque chez vous ? De la colère ? De la tristesse ? De l'envie ou de la jalousie ? Ces réactions sont en vous. Il faut donc continuer votre enchaînement des pourquoi sur vos réactions internes.

« L'arbre des pourquoi est un outil simple et puissant pour explorer les stratégies que l'on a trouvées à un instant donné pour essayer de conjurer nos peurs ou exprimer nos valeurs. C'est un exercice désagréable mais nécessaire pour établir notre carte qui nous permettra de revoir les stratégies inadéquates qui génèrent du stress, ou de les conserver mais cette fois ci, en conscience. Lorsque je fais l'exercice correctement, après le travail de préparation, j'en ressort chamboulé, comme si mon corps et mon mental avaient subi un séisme. »

David

III. LA GESTION DES ÉMOTIONS

Le stress a une composante variable venant de l'hypothalamus. Cette variation va dépendre de nos jugements comme nous l'avons vu mais aussi de nos émotions. C'est pourquoi il est important de comprendre ce qu'elles sont et comment les travailler pour éviter qu'elles pondèrent à la hausse le niveau de stress.

Lorsqu'on parle d'émotions, on parle désormais de plus en plus aussi de somatisation. Pour simplifier et ne pas rentrer dans les composantes neurophysiologiques en détail, nous allons parler de deux formes différentes de l'émotion.

La première est l'émotion en réaction à une situation, que la réaction soit en réponse à un stimulus extérieur soit à un stimulus cognitif qui serait interne donc. Dans ce cas, l'émotion va se manifester, provoquer une réaction physique et physiologique puis disparaître. Cette partie-là est plutôt consensuelle et très bien décrite. La seconde est l'émotion se manifestant à cause de tensions musculaires et tissulaires rémanentes dans le corps qui sont associées à cette émotion spécifique. Ceci est moins consensuel. Néanmoins, en s'appuyant sur la littérature et sur la pratique empirique, je suis devenu partisan de son existence. C'est bien ce second point qui est en fait la cause de problèmes de stress liés à la gestion des émotions.

C'est ce que nous allons voir ici.

1. Émotions et stress

Le stress est une réponse adaptative de l'organisme qui permet de mobiliser les ressources nécessaires pour faire face à une situation perçue comme menaçante ou stressante. Les émotions sont des réactions affectives complexes qui impliquent une activation physiologique, des cognitions et des comportements expressifs. Elles sont souvent considérées comme des réponses à des événements internes ou externes qui ont une signification émotionnelle pour l'individu. Le stress et les émotions sont étroitement liés, car le stress peut déclencher ou moduler la réponse émotionnelle, et les émotions peuvent influencer la perception et la gestion du stress.

Les émotions et le stress sont régulés par un réseau complexe de circuits neuronaux qui impliquent le cerveau, le système nerveux autonome et le système endocrinien. Le cerveau est le centre de traitement des émotions et du stress, avec des régions spécifiques telles que l'amygdale, l'hypothalamus et le cortex préfrontal qui jouent un rôle clé dans la régulation de ces réponses comme nous l'avons vu précédemment.

Les émotions jouent un rôle important dans la réponse au stress. Elles peuvent jouer un rôle clé dans la détermination des stratégies d'adaptation utilisées, et ainsi avoir un impact sur la capacité à faire face au stress.

Ainsi, des études ont montré que les personnes qui ont des émotions positives sont plus résilientes face au stress que celles qui ont des émotions négatives (Fredrickson 2001). Par exemple, une étude a révélé que les personnes qui avaient des émotions positives étaient moins susceptibles de développer des symptômes de rhume après avoir été exposées à un virus du rhume (Cohen, Alper et al. 2006). Plus généralement, la régulation des émotions influe sur l'espérance de vie générale (Trudel-Fitzgerald, Chen et al. 2022).

En outre, certaines émotions peuvent avoir des effets physiologiques spécifiques sur le corps qui peuvent affecter la réponse au stress. Par exemple, la colère peut entraîner une augmentation de la tension artérielle et de la fréquence cardiaque, ainsi qu'une augmentation de la libération d'hormones de stress telles que le cortisol (Suls and Bunde 2005). La tristesse liée au conflit, quant à elle, est corrélée à une diminution de l'activité du système immunitaire et une augmentation de la production de cortisol (Madison, Renna et al. 2023). Ces effets physiologiques peuvent augmenter la vulnérabilité au stress et aggraver les conséquences physiques et mentales associées. En extrapolant un peu, on peut considérer que les émotions peuvent maintenir le stress, ne serait-ce que par cette production continue de cortisol par exemple.

On comprend donc qu'il est important dans le cadre de la gestion du stress de s'intéresser à la gestion des émotions.

2. La somatisation émotionnelle

La pensée majoritaire, issue d'une approche cartésienne a eu tendance à séparer le corps de l'esprit. La psychologie et ses dérivés étant une discipline qui historiquement ne s'intéresse pas au corps tandis que la médecine et la psychiatrie également au départ ne voyaient les troubles mentaux que comme une anomalie quasiment anatomique ce qui a justifié la pratique de la lobotomie par exemple. Sasz en 1961, écrivait, je cite : « la maladie mentale était un mythe ». Un virage plus holistique a été amorcé entre les années 1950 et 1980. Engel, un psychiatre, écrit dans *Science* en 1977 la nécessité d'avoir une approche plus intégrative, introduisant le modèle biopsychosocial qui implique la biologie, la psychologie et la sociologie pour traiter un patient (Engel 1977). En 1954, Maslow propose sa pyramide des besoins qui crée un lien entre besoins physique et physiologique, et analyse du comportement (Maslow 1954). Ce virage a été fait néanmoins assez tardivement, ce qui fait que cette approche holistique n'est pas encore un réflexe. Or, la somatisation est bien à la croisée de ces différents mécanismes.

Pourtant, l'idée que le corps possède une « mémoire » qui interagit avec notre conscience par un chemin ascendant n'est pas nouvelle. Le philosophe Baruch Spinoza soutenait par exemple que l'esprit et le corps sont inséparables et indépendant. Il défendait que les émotions étaient des états impliquant à la fois le corps et l'esprit. Ceci entraîne le fait que les émotions et le stress peuvent s'exprimer dans le corps sous forme de douleurs, de malaises ou autres symptômes sans raison médicale claire. Pour lui, tout n'est donc pas dans la tête...

Spinoza défendait cette idée mais était philosophe. Depuis, des chercheurs se sont emparés expérimentalement du problème, en particulier par le prisme de la résolution des douleurs chroniques qui sont souvent difficiles à comprendre de façon purement physiologique. La somatisation est donc devenue un sujet d'étude majeur pour certains chercheurs s'intéressant au sujet.

Parmi ces chercheurs, Antonio Damasio est parmi les têtes de file de l'étude de la somatisation émotionnelle. Il a contribué à démontrer que les expériences psychologiques peuvent se manifester sous une forme de symptômes physiques. Sa théorie est appelée théorie du marqueur somatique (Damasio 1996). Son travail est remarquable dans notre cadre par le fait qu'il suggère que nos décisions et nos processus mentaux, en particulier la prise de décision, sont influencés par nos processus physiologiques et certains marqueurs somatiques (Bechara, Damasio et al. 1997).

Nous voyons donc émerger une tendance à reconnaître une voie ascendante partant du corps pour aller vers la conscience et influencer ainsi nos émotions et donc notre stress. Partant de ce constat, il devient alors intéressant de se pencher sur une approche corporelle pour gérer des problèmes émotionnels qui potentialisent l'état de stress.

Que vient faire la respiration dans tout cela ? La respiration est un des premiers marqueurs somatiques d'un état émotionnel puisque chaque émotion va mettre en place une respiration spécifique. En retour, cette respiration spécifique a la capacité d'induire une émotion (Philippot, Chapelle et al. 2010) !

3. La roue des émotions

Les émotions qui façonnent la forme de notre corps influencent notre niveau de stress, qu'il soit mental ou physique. Cette idée est scientifiquement reconnue, tout comme l'universalité de l'emplacement des sensations émotionnelles dans le corps (Nummenmaa, Glerean et al. 2014). Ce qui suit provient de mes recherches personnelles et de mes résultats empiriques sur le sujet, sans validation scientifique spécifique. Néanmoins, en nous appuyant sur les connaissances actuelles, nous pouvons comprendre pourquoi cette approche fonctionne et l'expérience montre des résultats qui m'ont permis de structurer la stratégie de la roue des émotions.

Nous aborderons ici les quatre émotions principales qui constituent l'essentiel de la roue des émotions : la peur, la colère, la tristesse et l'excitation. Ces quatre émotions donnent un morphotype spécifique lié aux tensions des muscles et des tissus. Ces tensions résultent de l'action du corps programmée en réponse aux émotions. Elles sont également à l'origine de la facilité avec laquelle nous retombons dans une émotion donnée, car le signal corporel lié à cette émotion persiste, puisque le corps se construit autour de la tension qu'elle provoque. Nous n'aborderons pas ici la neurophysiologie des émotions, mais nous resterons très pratiques. Laissez-moi illustrer cette théorie.

La peur entraîne généralement une action de fuite, de sidération (Ohman and Mineka 2001) ou de combat (ce dernier étant lié à la colère dans notre modèle, car les muscles impliqués dans le combat sont retrouvés dans cette émotion). Nous considérerons donc que la peur est corporellement liée à la fuite ou à la sidération.

Les muscles impliqués dans la course comprennent principalement les muscles des jambes et les stabilisateurs du tronc. Le psoas, en particulier, est un muscle très sollicité dans cette émotion. Lorsque le muscle est trop sollicité sans action correspondante, comme c'est souvent le cas dans notre société, il reste contracté. Cette tension s'accumule avec le temps, affectant la posture. Une tension excessive des muscles psoas peut entraîner un déséquilibre postural et affecter la répartition du poids du corps. Le psoas est un muscle profond qui relie la colonne vertébrale lombaire, le bassin et le fémur. Il agit en tant que fléchisseur de la hanche et stabilisateur du tronc.

Lorsque les muscles psoas sont tendus ou contractés de manière chronique, cela peut provoquer une bascule antérieure du bassin, ce qui signifie que le bassin bascule vers l'avant. Cette position entraîne un déplacement du poids du corps vers l'avant, ce qui augmente la pression sur les articulations de la hanche et du genou, ainsi que sur la colonne lombaire (Kim, Chung et al. 2006). Cette répartition inégale du poids peut également engendrer une cambrure excessive de la colonne lombaire (hyperlordose), ce qui peut causer des douleurs et des problèmes posturaux à long terme pouvant aller jusqu'à la lombalgie. En plus du poids en avant, on retrouve chez les gens ayant accumulé de la peur un écartement trop important des jambes, aidant à la stabilisation. D'après mes observations, les pieds sont en général bien au-delà de l'écartement du bassin.

Ce déséquilibre imposé par ces muscles eux-mêmes mis en tension par la peur devient au fil du temps une composante intégrante à votre posture. En retour, vous serez plus sensible et réactifs à la peur puisque les muscles qui réagissent à elle sont constamment en train de travailler. Cela se rapproche de la théorie de Damasio sur les marqueurs somatiques (Damasio 1996).

D'ailleurs, mon hypothèse pour expliquer la sidération est que lorsque les muscles ne peuvent plus supporter une charge supplémentaire lors d'une réaction à la peur, ils vont se figer, un peu comme une crampe quand on cherche à soulever plus que ce que l'on peut. Cela reste une hypothèse bien sûr.

Revenons-en à la posture imprimée par la peur. Le corps est en déséquilibre vers l'avant. Au bout d'un moment, il va devoir trouver un moyen de s'équilibrer également en haut. La peur provoquant une bascule antérieure du bassin, la logique voudrait que pour compenser cela, il y ait une bascule en arrière des épaules. Or, cette bascule dépend du trapèze, des pectoraux, des rhomboïdes et du grand dorsal. Ce qui est intéressant quand on regarde cette liste, on se rend compte que ces muscles sont également impliqués dans l'expression de la colère… En y rajoutant les muscles suivants : les deltoïdes, les fléchisseurs et extenseurs des poignets et les sterno-cléido-mastoïdiens. Tout ceci va provoquer une bascule vers l'arrière et le haut du buste.

On se retrouve alors dans une situation où une compensation posturale de la peur peut entraîner l'apparition de la colère pour les mêmes raisons citées précédemment… Avec en plus un nouveau déséquilibre, qu'il va falloir encore une fois potentiellement compenser.

La peur amène vers l'avant mais pas spécialement vers le bas. Il va donc falloir compenser ce déséquilibre vers le haut lié à la colère qui va provoquer une instabilité du tronc et du cou. Pour compenser cela, une bascule postérieure de la ceinture scapulaire fait que le poids de la tête n'est pas soutenable et retombe vers l'avant, compensant ainsi la colère. Pour faire cela, il va falloir créer des tensions tissulaires en interne de la cage thoracique pour la faire « s'effondrer ». Ce qui va avoir pour effet de faire s'effondrer l'ensemble du corps vers son centre.

Or, des épaules tombantes, la tête vers l'avant et le corps qui semble s'affaisser, ce sont des manifestations de la tristesse. En extrapolant probablement, cet effondrement rend la circulation sanguine et lymphatique plus compliquée. La pompe diaphragmatique ne peut pas bien se faire, diminuant le retour veineux et de la lymphe. Enfin, la forme de la cage thoracique va également rendre la ventilation plus courte et rapide, ce qui diminue l'efficacité de la respiration. Tout cela peut potentiellement avoir un impact important sur l'activité métabolique ce qui correspond à l'état léthargique de la tristesse et de la dépression (dans ce cas, cela a été décrit [McIntyre, Soczynska et al. 2007]).

Ce qui nous amène à la solution pour masquer ce déséquilibre, l'excitation (ou joie, pour moi c'est la même chose). L'excitation ou la joie est une émotion qui va avoir tendance à ouvrir le corps et à créer de la tension dans tous les tissus superficiels qui vont devenir trop réactifs. Cela va avoir pour effet de monter la posture en général et de déplacer le centre de gravité légèrement vers le haut avec pour conséquence de créer de l'instabilité. Chez les personnes excitées, le métabolisme va être très accéléré et leur coûter beaucoup d'énergie.

Il va donc falloir compenser cette instabilité, ce qui va nous ramener... Vers la peur ! Voilà pourquoi j'appelle cela la roue des émotions. Nous sommes pris dans cette roue qui ne fait que tourner tant qu'il n'y a pas de solutions alternatives. Notez que curieusement, cela ressemble aux phases du deuil ou encore à la vision de la médecine chinoise sur les émotions.

Selon la théorie de la roue des émotions, pour la plupart des gens, il y a une émotion majeure et une mineure pour compenser. Cela peut être plus ou moins intense et va grandement conditionner les réactions préférentielles de l'individu. Paradoxalement, plus les gens vont faire un travail pour eux, plus ils vont tourner dans la roue et avoir un système instable. S'ils ne trouvent pas la solution se stabiliser ou sortir de la roue, alors on va avoir affaire à des personnes hyper-émotives qui vont avoir des réactions non adaptées et trop fortes. Ce problème peut se régler assez facilement d'expérience par le travail corporel. Quant à ceux qui ne sont plus dans la roue, ce sont en général des génies que l'on retrouve au plus haut-niveau dans le sport ou la musique.

Je n'irai pas plus loin sur la façon de sortir de la roue, cela fera l'objet d'une publication spécifique mais je vais utiliser ce modèle pour aider à gérer le stress. En effet, si les émotions font partie de la posture, certaines vont maintenir un état de stress actif, comme la peur par exemple. Nous allons donc voir ici quelques techniques pour faire tourner cette roue.

« J'ai trouvé le travail de Yvan particulièrement sur les émotions très intéressant car son approche pragmatique basée sur la mécanique corporelle et la biologie permet d'appréhender le rapport aux émotions de manière efficace et non psychologisante. »
Matthieu

4. Outils de gestion émotionnelle

Pour pouvoir se libérer de la somatisation émotionnelle, nous allons voir plusieurs techniques passant par le corps. Vous verrez qu'à chaque fois, la respiration sera impliquée. Cette implication est liée à deux propriétés qui vont nous intéresser. La première est que la respiration permet via la chaîne musculaire respiratoire de venir mobiliser des zones beaucoup plus internes et de tirer également sur des centres conjonctifs importants. En deuxième lieu, la respiration va permettre d'avoir une action sur le SNA qui est une des voies par laquelle la somatisation se met en place. C'est pour ces raisons que l'approche respiratoire est toujours associée au travail.

4.1. La peur

La peur est l'émotion la plus directement impliquée dans le stress puisqu'elle indique un danger auquel nous devons nous adapter. Typiquement, la réaction à la peur est de se déplacer, que ce soit pour fuir ou pour combattre. Elle va donc sans surprise se localiser au niveau des jambes et des stabilisateurs du tronc pour la course. Nous allons voir comment l'évacuer quand elle reste dans le corps. Cet exercice est un des principaux que j'utilise et est inspiré du travail des travaux de Berceli (Berceli and Napoli 2006) mais élargi au tronc et sans préparation.

- En position allongée sur le dos, mettez les bras à 45° du corps, paume vers le haut ;
- Inspirez par le nez en rentrant le ventre et en étirant la tête ;
- Expirez par la bouche ;
- Ramenez les talons proches des fesses en serrant les pieds ;
- Écarter les genoux pour qu'ils soient environ à 45° du sol ;

- Dans cette position, essayez de vous relâcher et de sentir que les genoux tiennent en étant à moitié suspendu et à moitié porté par vos jambes ;
- Mettez-vous ensuite à faire trembler les jambes volontairement ;
- Au bout d'un moment, les tremblements se feront de façon passive ;
- Laissez les tremblements se faire et étirez votre rachis pour qu'ils remontent petit à petit dans le dos ;
- Faites des pauses régulières où vous bougez et vous vous étirez.

Au fur et à mesure de la pratique, vous sentirez que votre corps réagira beaucoup moins fort en situation de peur.

Un deuxième exercice simple à mettre en œuvre, que j'ai développé et que j'utilise beaucoup, est l'exercice « chuter ». Cet exercice permet à la fois de tester son niveau de peur mais également de participer à le diminuer en favorisant un lâcher-prise face à cette dernière.

L'exercice se fait ainsi :

- Dans votre lit ou sur un tapis de yoga avec un coussin mou pour la tête, mettez-vous en position assise, jambes tendues devant vous ;

– Laissez-vous tomber complètement en arrière en retenant simplement votre tête en rentrant le menton ;
– Observez les sensations avant la chute, pendant la chute et comment vous vous réceptionnez. Si vous tombez correctement, vos jambes ne devraient pas se soulever lors de la chute, vous devriez dérouler le dos et il ne devrait pas y avoir d'impact au sol ;
– Si ce n'est pas le cas, répétez l'exercice en mettant votre conscience pendant la chute sur les zones qui se crispent en cherchant à les maintenir relâchées ;
– Pratiquez cet exercice environ 5 minutes sans les dépasser.

4.2. La colère

La colère est une émotion qui pousse à agir, à combattre. On va donc trouver une activation des bras, des mains, des épaules et du haut du buste. Nous allons l'évacuer en utilisant un mouvement simple : la pompe. Cependant, nous allons également accompagner ce mouvement d'une apnée pleine et d'une expiration puissante, une fois n'est pas de coutume, par la bouche !

– Mettez-vous en position de pompe. Si c'est trop difficile, faites-le à genoux, ou debout contre un

mur. L'objectif n'est pas de faire des pompes mais de stimuler la zone de la colère ;
- Prenez une grande inspiration et bloquez votre respiration ;
- Descendez lentement en apnée pleine jusqu'à avoir la poitrine proche du sol ;
- Expirez le plus fort possible par la bouche en remontant d'un coup ;
- Recommencez une dizaine de fois.

4.3. La tristesse

La tristesse est une émotion qui sert à cesser de lutter. Elle va donc couper l'énergie aux membres et nous recentrer sur nous. Elle se manifeste par un affaissement du thorax et une perte de sensation et de mobilité dans la poitrine et la gorge. Pour lui permettre de s'évacuer, l'idée est de remettre de la sensation dans la zone.

- Allongez-vous sur le dos ;
- Posez vos mains à plat sur la poitrine ;
- Inspirez par le nez au niveau thoracique en soulevant votre poitrine au maximum ;

- Expirez par la bouche de façon saccadée, comme pour un sanglot ;
- Pendant l'expiration, laissez vos mains s'enfoncer dans votre poitrine ;
- Respirez ainsi pendant au moins une dizaine de minutes.

Dans cet exercice, vous pouvez avoir des manifestations de la tristesse apparaître comme des larmes ou la gorge qui se serre. Laissez ces manifestations se faire sans y prêter attention. Restez dans votre exercice.

4.4. L'excitation

L'excitation est une émotion qui motive à l'action. C'est un surplus d'énergie qui va se manifester surtout en superficie du corps dans son ensemble. Pour l'évacuer, nous allons utiliser deux phases, une première se basant sur des mouvements de gymnastique simples accompagnés d'une respiration rythmique, la deuxième sur des apnées vides et des apnées pleines.

Pour cette première phase, vous allez utiliser une respiration rythmique tout au long de votre pratique :

- Mettez en place votre respiration rythmique une vingtaine de secondes avant de commencer ;
- Enchaînez 10 squats le plus vite que votre forme vous permet de faire correctement. Si vous ne pouvez pas descendre jusqu'au sol, ne le faites pas ;
- Enchaînez ensuite sans pause avec 10 pompes le plus vite possible. Là aussi, adaptées à votre niveau ;
- Finissez ensuite par 3 relevés de buste. En position allongée sur le dos, relevé simplement votre buste jusqu'à ce que votre dos soit perpendiculaire au sol ;
- Continuez à respirer en respiration rythmique pendant encore une vingtaine de secondes au repos.

Ensuite, allongez-vous pour la deuxième partie :

- Inspirez et bloquez votre respiration pendant une dizaine de secondes ;
- Contractez légèrement l'ensemble de votre corps ;
- Expirez puis bloquez votre respiration quelques secondes ;
- Étirez l'ensemble de votre corps ;
- Recommencez ce cycle environ 5 minutes.

Il est important de faire régulièrement un tour complet de ces exercices. Vous vous rendrez compte au fur et à mesure que vous êtes moins sujet à une expression forte de ces émotions. Néanmoins, vous serez étonné de voir que régulièrement, pendant la pratique, des montées incontrôlées arriveront sans que vous ne vous en aperceviez.

« La chose la plus importante, pour régler mon problème de stress , a été d'identifier dans quel ÉTAT mental et émotionnel je me trouvais à l'instant T, La méthode REBO$_2$T m'a permis dans un premier temps de savourer, découvrir, ressentir et surtout conscientiser tous les profils que l'on peut rencontrer au cours d'une vie. Une fois qu'il a identifié l'émotion prédominante du moment, Yvan a développé une logique de traitement, avec comme levier notre structure corporelle et notre respiration. L'effet est tout simplement bluffant...
Gregory, kinésithérapeute

IV. PROGRAMME REBO$_2$T ZEN SUR TROIS MOIS

Maintenant que nous avons vu l'ensemble des techniques et la logique du travail, nous allons voir un programme sur trois mois pour vous apprendre à changer votre rapport au stress. L'objectif est d'avoir une pratique d'environ trente minutes par jour qui sera potentiellement divisible en deux sessions par jour.

N'en faîtes pas trop, l'objectif est de tenir sur la durée, pas de pratiquer une semaine plusieurs heures et d'arrêter ensuite. Après chaque séance, prenez le temps d'observer les changements que vous ressentez dans votre corps et l'état d'activité mentale. En effet, l'observation et l'intégration de ces changements vous permettront d'observer une transformation et vous laisseront motivés pour continuer. N'hésitez pas à prendre des notes sur vos ressentis au fil du temps.

Je vous recommande également toutes les deux semaines de remplir un test de stress tel que l'échelle de stress perçu de Cohen (Cohen 1988) au début de ce travail et de noter votre score. Vous pouvez facilement le trouver sur le net en version française. Vous pouvez aussi simplement de façon quotidienne faire un suivi sur une échelle de stress ressenti d'un à dix et observer les variations au cours du temps (et envoyez-moi les résultats !).

1. Mois 1 : retrouver le calme de façon ponctuelle

Il est très difficile de changer son rapport au stress dans un corps qui est déjà à la limite de ses capacités d'adaptation. Comme nous l'avons vu, le stress chronique fait que le système sympathique est trop actif et le parasympathique a du mal à s'imposer. Il va donc falloir cette phase pour ramener le corps et le système nerveux autonome, de façon ponctuelle, à un niveau où le travail de fond va être possible. Nous allons pratiquer trois exercices de respiration et un exercice lié au comportement chaque jour.
Ces exercices varieront toutes les semaines.

Semaine 1 :

Exercice	Durée	Page
Respiration inversée debout	5 minutes	115
Respiration explosive	1 minute de travail 1 minute de repos pendant 5 minutes	116
Cohérence cardiaque	5 minutes	76

Vous pouvez isoler la cohérence cardiaque du reste. De préférence pratiquez la respiration inversée avant la respiration explosive en « échauffement ».

Pendant cette semaine, vous allez également prendre un quart d'heure pour vous prévoir un agenda où vous sanctuariserez une demi-heure par jour pour la pratique sur les trois prochains mois. Vous pouvez les diviser en deux fois un quart d'heure. Prenez le temps de tester sur cette semaine vos plages de pratiques pour vérifier si elles sont réalistes et donc faisables ou si au contraire vous êtes constamment dérangé à ces horaires-là. Être capable de dégager ce temps de façon non négociable est un facteur majeur de réussite de votre entraînement.

Cette semaine vous prendrez donc un quart d'heure à pratiquer et un quart d'heure à ne rien faire, tout simplement (pas de lecture, pas de scrolling, pas de télé, rien...).

Semaine 2 :

Exercice	Durée	Page
Enchaîner « ouvrir et fermer » et « le tonneau »	5 minutes (2 min 30 chaque)	122
Pensée à une situation frustrante et « respiration rythmique »	10 minutes	124
Respiration de l'abeille	5 minutes	95

Dans le deuxième exercice, pensez à une situation frustrante pour vous. Dès que la frustration arrive, mettez en place une respiration rythmique jusqu'à ce que cette frustration disparaisse. Repensez à la situation et voyez si cela remonte encore. Si c'est le cas, recommencez, sinon, passez à une autre situation.

En plus de ces exercices, notez les choses du quotidien qui ont généré du stress chez vous. Classez-les du plus récent au plus ancien et du moins intense au plus intense. Prenez dix minutes par jour pour le faire cette semaine.

Semaine 3 :

Exercice	Durée	Page
Enchaîner « ouvrir et fermer » et « le tonneau »	5 minutes (2 min 30 chaque)	122
Enchaîner 15 secondes de respiration rythmique, 30 secondes de respiration explosive, puis 15 secondes de pause	5 minutes	124 et 116
Respiration en 2/6	10 minutes	85

En plus de ces exercices, ajoutez 15 secondes de respiration explosive à la fin de chaque heure de la journée. Ceci vous permettra d'ancrer l'habitude de mettre en place cette respiration pour éliminer les tensions qui s'accumule au fil des évènements stressants de la journée.

Enfin, sur les dix minutes restantes, notez les choses qui vous ont fait plaisir. Classez-les du plus récent au plus ancien et du moins intense au plus intense. Prenez dix minutes par jour pour le faire cette semaine.

Semaine 4 :

Exercice	Durée	Page
Enchaîner « ouvrir et fermer » et « le tonneau »	5 minutes (2 min 30 chaque)	122
Quatre respirations	5 minutes	119
Libérer la Tristesse	10 minutes	121
Respiration en 2/6/6	10 minutes	126

Cette semaine, maintenez les 15 secondes de respiration explosive toutes les heures pour continuer d'ancrer cette habitude. Si vous pensez à le faire juste après une situation stressante, n'hésitez pas.

À la fin de cette semaine, remplissez votre questionnaire !

2. Mois 2 : reconnaître le stress et ses manifestations pour les gérer consciemment

Après avoir fait le mois un, vous devriez sentir un niveau de stress plus acceptable. Néanmoins, notez qu'il ne sera pas durable. Il sera juste suffisant pour réaliser ce qu'il y a à faire, c'est-à-dire travailler en profondeur sur le stress. C'est ce que nous allons faire dans cette deuxième phase.

Cette nouvelle phase sert à reconnaître le stress, savoir comment il se manifeste et pourquoi il apparaît. Elle permet de comprendre la manière dont nous fonctionnons. Comprendre comment nous fonctionnons permet ensuite de changer les choses en en étant conscient.

Dans cette phase, nous ne nous limiterons pas uniquement à trois exercices par semaine dans la mesure où le premier mois a permis de développer les bases techniques permettant d'aller plus vite et plus loin. En effet, durant ce mois, nous allons commencer à éliminer le stress en profondeur et il va falloir plusieurs approches pour y parvenir !

Semaine 1 :

Exercice	Durée	Page
Quatre respirations	5 minutes	119
Apnée vide et respiration explosive	10 minutes	117
Respiration en 3/3/6/3	5 minutes	87

Maintenez 10 secondes (un peu plus court) de respiration explosive toutes les heures de la journée. Si vous pensez à le faire juste après une situation stressante, n'hésitez pas.

Réalisez l'exercice du pourquoi (II.3.3) en s'étant mis au préalable en état de travail profond (II.3.1). Utilisez votre liste de la semaine deux sur les choses qui vous ont stressé comme point de départ. Pratiquez dix minutes par jour. Commencez à dessiner votre « arbre des pourquoi ».

Semaine 2 :

Exercice	Durée	Page
Libérer la tristesse	10 minutes	121
Respiration explosive avec situation stressante	5 minutes	116
Respiration en 2/6 avec mains sur les yeux en position allongée	5 minutes	85

Mettez en place une respiration explosive dès qu'une contrariété apparaît (ou juste après si vous êtes en public...).

Réalisez l'exercice du pourquoi (II.3.3) en s'étant mis au préalable en concentration intense (II.3.1). Utilisez votre liste de la semaine deux sur les choses qui vous ont stressé comme point de départ. Pratiquez dix minutes par jour. Continuez à enrichir « l'arbre des pourquoi ».

Semaine 3 :

Exercice	Durée	Page
Quatre respirations	1 minute	119
Travail sur l'excitation	10 minutes	169
Allonger la respiration et masser/mobiliser les zones qui se retrouvent en tension	10 minutes	136
Respiration en 4/7/8	5 minutes	88

Mettez en place une respiration explosive dès qu'une contrariété apparaît (ou juste après si vous êtes en public...).

Réalisez l'exercice du pourquoi (II.3.3) en s'étant mis au préalable en concentration intense (II.3.1). Utilisez votre liste de la semaine deux sur les choses qui vous ont stressé comme point de départ. Pratiquez dix minutes par jour et poursuivez la création de votre arbre.

Semaine 4 :

Exercice	Durée	Page
Quatre respirations	1 minute	119
Travail sur l'excitation	5 minutes	169
Trembler	5 minutes	138
Hyperventilation	10 minutes	140

Mettez en place une respiration explosive dès qu'une contrariété apparaît (ou juste après si vous êtes en public...).

Prenez dix minutes cette semaine tous les jours pour dessiner votre arbre à partir « des pourquoi ». À la fin de la semaine, vous devriez avoir un arbre indiquant vos moteurs de réactions principaux et donc les raisons profondes de votre stress.

3. Mois 3 : réajuster son rapport aux agents stressant et devenir résilient

La dernière phase consiste à changer notre rapport aux agents stressants pour qu'ils nous touchent de moins en moins. C'est à ce stade que notre rapport au stress change drastiquement.

Semaine 1 :

Exercice	Durée	Page
Enchaîner «ouvrir et fermer» et «le tonneau»	5 minutes	122
Apnée vide maximale suivie d'une respiration explosive (répété 3 fois)	Environ 10 minutes	117
Contracté/relâché	5 minutes	137
Pratiquer le « Om »	10 minutes	97

Observez dans votre arbre les principaux « nœuds » qui conditionnent vos réactions. Vérifiez que d'autres situations arrivent à ces mêmes endroits. Pratiquez dix minutes par jour en condition de concentration intense.

Semaine 2 :

Exercice	Durée	Page
Quatre respirations	2 minutes	119
Hyperventilations	10 minutes	140
Trembler	5 minutes	138
Penser à des situations stressantes en respiration d'ancrage et évacuer leur charge émotionnelle en respiration rythmique	5 minutes	124

Demandez-vous comment vous pourriez réagir à une situation qui vous stresse en faisant en sorte de la voir pour qu'elle débouche sur un nœud différent. Pratiquez cet exercice dix minutes par jour en condition de concentration intense.

Semaine 3 :

Exercice	Durée	Page
Quatre respirations	2 minutes	119
Hyperventilations	10 minutes	140
Travail sur l'excitation	5 minutes	169
Respiration de l'abeille	10 minutes	95

Mettez en application une nouvelle réaction à un problème récurrent comme vous l'avez déterminé grâce à l'arbre des « pourquoi ».

Semaine 4:

Exercice	Durée	Page
Trembler	4 minutes	138
Travail sur l'excitation	5 minutes	169
Chuter	4 minutes	165
Pratiquez le « Om »	8 minutes	97

Une fois ce travail fait, il ne faut pas retomber dans les mauvaises habitudes. Cette phase sert à garder le gain obtenu grâce à ces trois mois, voire à aller plus loin. C'est ce que nous allons voir dans la dernière partie de ce livre.

V. HYGIÈNE ANTI-STRESS

Gardez à l'esprit qu'une vie sans stress n'est pas souhaitable, le stress est là pour aider à votre adaptation aux difficultés. Il est donc normal que lorsqu'un effort est nécessaire, le stress se manifeste. Le tout est qu'il garde sa place et qu'il soit déclenché à bon escient et à un niveau qui permet d'augmenter vos performances et non pas de les inhiber...

Par conséquent, une fois que vous avez réussi à reprendre le contrôle sur votre niveau de stress, il est temps de s'intéresser à maintenir et à revenir facilement à votre état de calme. Pour cela, il va y avoir un travail de fond de « nettoyage », des exercices pour limiter les effets du stress aigu, des exercices de détente et des exercices de progression afin d'accroître votre adaptabilité au stress. À ce stade, vous pourrez aussi vous amuser avec les exercices classiques du chapitre I que vous devriez pratiquer sans aucun problème et qui vous donneront tous leurs bienfaits.

1. Les exercices d'entretien

Ces exercices ont pour objet d'éliminer les conséquences du stress quotidien afin de l'empêcher de s'accumuler au fil des jours. L'idée est de maintenir une pratique quotidienne d'environ quinze minutes par jour réparties sur la journée. Tenez-vous à cet entretien après avoir fait le programme de base et vous ne tomberez plus dans la spirale du stress chronique. Avec le temps, vous pourrez espacer ces exercices d'entretien à une ou deux fois par semaine puis par mois. Vous vous en rendrez compte quand ces exercices n'auront plus d'effet sur vous.

En effet, le but de cette phase est de vous assurer que votre corps n'ait plus de stress accumulé. Alors, les exercices deviennent inutiles ou plutôt, deviennent comme des séances d'entretien annuelles chez un ostéopathe pour un bilan.

1.1. Trembler

L'exercice « Trembler » est également un très bon exercice d'entretien. Pour le faire de façon quotidienne pendant cinq minutes, je vous propose cette petite variation.

- En position allongée, contractez l'ensemble de votre corps en apnée vide pendant une dizaine de secondes ;
- Expirez, mettez en place une respiration explosive légère et faites trembler vos membres volontairement pendant une dizaine de seconds ;
- Respirez normalement et étirez légèrement tout votre corps tout en laissant d'éventuels tremblements involontaires se faire. S'ils apparaissent, laissez-les faire jusqu'à leur disparition puis recommencez. S'il n'y en a pas, recommencez ;
- Pratiquez ainsi pendant environ 5 à 8 minutes environ.

L'idéal est de réaliser cet exercice tous les jours avant de dormir par exemple. Cependant, vous pouvez aussi le faire une fois par semaine et le faire durer un peu plus ou alors faire l'exercice de base (chapitre II.2.2.4) pendant un quart d'heure.

Vous devriez sentir à la fin de cette variation de l'exercice que votre corps est plus lourd et posé sur le sol. Vos pensées devraient également être moins agitées.

1.2. Les quatre respirations

Nous avons vu les quatre respirations au chapitre II.1.1.5. Cet exercice est intéressant à réaliser en entretien dans la mesure où il va créer une mobilité interne à chaque fois qu'on le pratique. Considérez cela comme une séance de stretching à faire régulièrement. La pratique peut se faire par deux séries des quatre respirations au réveil et le soir. Cela prend grand maximum deux ou trois minutes par session.

Pour ajouter une variation utile, insérez une respiration rythmique entre la respiration explosive et la respiration du chien.

Je vous encourage donc à pratiquer cela tous les jours en phase d'entretien.

1.3. La cohérence cardiaque

Nous avons déjà vu la cohérence cardiaque dans les exercices de base (chapitre I.1.5). Je vais donc ici simplement vous donner de légères variations adaptées à cette pratique d'entretien. Normalement, la cohérence cardiaque doit être pratiquée trois fois par jour pendant cinq minutes pour maintenir des effets long-terme. Dans notre cas, il va simplement s'agir de l'utiliser pour normaliser notre HRV et donc diminuer le stress suite aux évènements de la journée (Kim, Cheon et al. 2018). Je recommande donc de faire cet exercice en rentrant de la journée de travail.

Un autre détail important dans la pratique est de rester complètement dans le volume courant pulmonaire lorsque vous inspirez et que vous expirez, cela optimisera la pratique et le maintien de l'équilibre du SNA.

Enfin, si votre tolérance à la dyspnée a augmenté avec la pratique, focalisez-vous sur le fait de réaliser un rebond entre les transitions inspiration et expiration. Pour cela, au bout de trois secondes d'inspiration ou d'expiration sur les cinq, cessez d'inspirer ou expirer activement pour laisser la fin du mouvement se faire avec l'élan. Cela provoquera à la fin un rebond lié à l'élasticité des tissus qui permettra de repartir de façon passive sur l'autre phase du cycle respiratoire. De cette manière, vous ne provoquerez aucun stress avec votre technique respiratoire.

2. Les exercices d'adaptation au stress opérationnel

S'adapter au stress lorsqu'il apparaît peut se gérer en direct, évitant ainsi de le voir s'accumuler mais surtout vous permettant de garder vos capacités opérationnelles. Dans la méthode REBO$_2$T, nous utilisons un set de trois techniques pour gérer le stress en direct ou stress opérationnel. Ces trois respirations sont les respirations d'ancrage, les respirations rythmiques et les respirations explosives que nous avons déjà vues.

Notez que vous pouvez voir en vidéo ces techniques sur ma chaîne Youtube « Art de la respiration » ou sur mon site artdelarespiration.fr.

La respiration d'ancrage est la respiration à avoir tout le temps en situation de stress ou situation d'effort, physique comme mental. Elle va permettre de ne pas laisser le stress vous submerger et garder un état de travail neutre. La respiration rythmique va être utilisée lorsque notre mental ou nos émotions dans une moindre mesure prennent le dessus sous la forme d'un pic de stress et que nous voulons revenir à la neutralité rapidement. Enfin, la respiration explosive sera utilisée lorsque le stress nous gêne physiquement et provoque toutes sortes de tensions dans le corps. Elle va nous aider à remobiliser les zones tendues pour retrouver là aussi un état neutre dans l'action.

La bonne exécution de ces techniques au fur et à mesure de l'apparition du stress devrait vous garantir une baisse importante de la somatisation en réponse à ces situations.

2.1. Respiration d'ancrage

La respiration d'ancrage est une technique que nous n'avons pas vue jusque-là. C'est une technique de la méthode REBO$_2$T que nous utilisons pour garder une stabilité mentale et physique lors d'un effort. Elle a l'avantage de s'adapter à tout type d'effort moyennant un ajustement de la fréquence respiratoire.

Pour la réaliser, faites ainsi :

- Inspirez par le nez ;
- Gardez vos lèvres pincées ;
- Expirez contre vos lèvres qui laissent passer l'air sous la pression et qui se referment dès que l'expiration est terminée ;
- Comme pour les respiration explosives et rythmique, l'inspiration se fera quasiment passivement par le nez via la dépression créé par le fait d'avoir forcé l'expiration pour expulser l'air ;
- Adaptez votre fréquence respiratoire au niveau d'effort mais ne changez jamais l'intensité de l'expiration ;
- Respirez ainsi toute la durée de l'effort à fournir.

La particularité de cette technique est qu'il faut l'adapter à l'effort. Si vous avez besoin de vous concentrer pour lire par exemple, vous allez avoir une fréquence basse, par exemple une respiration par dix secondes. À l'inverse, si vous faites un effort sportif, il va falloir respirer plus vite, peut-être une fois par seconde. Adaptez et essayez en fonction de l'effort demandé d'ajuster la fréquence respiratoire pour que cela soit confortable. Le footing est une excellente occasion d'utiliser cette respiration.

Commencez à la mettre en place un peu avant de commencer l'effort et arrêtez là une ou deux minutes après l'effort. Vous verrez que votre corps souffrira moins des conséquences de l'adaptation nécessaire à cet effort diminuant votre niveau de stress et de fatigue.

Personnellement, c'est la respiration que j'ai en permanence à l'effort quel qu'il soit.

2.2. Respiration rythmique

Nous avons déjà vu la respiration rythmique (chapitre II.1.2.1). Vous avez pu constater son efficacité pour couper court au stress et pour calmer les ruminations mentales qui mènent vers la génération de stress. C'est donc naturellement que l'on utilisera cette respiration en cas de stress opérationnel ou de stress aigu.

Utilisez cette respiration dès que vous sentez qu'une situation provoque chez vous une agitation des pensées ou que vous commencez à être submergé par les émotions. Maintenez la respiration tant que vous ne sentez pas que vous êtes revenu à un état neutre.

Notez que cette respiration peut être gênante en public. Un de mes instructeurs disait que cette respiration est bien faite lorsqu'elle est suffisamment bruyante pour gêner un voisin mais suffisamment puissante pour que cela ne vous cause aucun problème de conscience. Néanmoins, je comprends qu'en milieu professionnel ce soit difficile de la mettre en place en public.

Avec la pratique, vous pourrez en faire une version beaucoup plus discrète et quasiment imperceptible tout en gardant les effets. Cependant, je vous recommande si vous ne pouvez pas le faire immédiatement de vous isoler le plus rapidement possible pour aller désamorcer la montée de stress. Vous pourrez ainsi en profiter pour bouger le plus possible pendant cette respiration.

2.3. Respiration explosive

Là aussi, nous avons déjà vu la respiration explosive. Tout comme la respiration rythmique, la respiration explosive doit se mettre en place dès que vous sentez que votre corps se tend en réaction à une situation stressante comme une peur surprise. Par exemple, dans la voiture si quelqu'un vous surprend en se rabâtant sur vous. Cette respiration doit être maintenue tant que la sensation de tension n'est pas partie. Avec le temps, ce temps sera de plus en plus court.

Tout comme la respiration rythmique, la respiration explosive est parfois compliquée à faire en public. Toutefois, contrairement à la respiration rythmique, la respiration explosive peut se faire quelques temps après l'évènement stressant en restant efficace. C'est d'ailleurs pour cela que lors du programme sur trois mois, vous avez eu à mettre en place une respiration explosive toutes les heures.

Dans le cadre du sport ou de l'effort physique, c'est différent, la respiration explosive peut se faire sans problème. Les sportifs avec qui je travaille l'utilisent en match ou en compétition. Dans le cadre de sport où on peut entrer et sortir souvent du match comme en basket, il est intéressant de la faire dès la sortie pour récupérer.

« Cette méthode de respiration du système $REBO_2T$ me permet de mettre mes muscles, mes tendons et plus généralement mon corps en préparation de mes activités physiques et/ou sportives. C'est comme si le corps était déjà échauffé. »

Tony

2.4. Lier

Lier est un exercice qui a pour objectif d'améliorer votre intéroception de sorte à éviter qu'en situation de stress, la mise en conscience de vos gestes ne perturbe votre action autonome. Dans cet exercice, nous allons combiner respiration et visualisation pour prendre conscience de l'intégralité de notre corps, que ce soit en externe ou en interne. Cet exercice prend environ un quart d'heure pour être fait entièrement. Il peut être l'objet d'une séance quotidienne à lui seul.

- Pratiquez en vous allongeant au sol ;
- Inspirez et expirez par le nez ;
- Commencez par inspirer par le pied gauche, remontez « l'air » jusqu'au bassin ;
- Expirez ensuite du bassin au pied droit ;
- En suivant l'air parcourir ce chemin, visualisez que vous éclairez toutes les parties du corps qui sont traversées et maintenez ces zones « allumée » ;
- Inspirez ensuite par le pied droit et expirez par le pied gauche ;
- Renforcez l'éclairage du parcours ;
- Passez ensuite à une inspiration pied gauche jusqu'au bassin ;
- Expirez ensuite depuis le bassin jusqu'à la main gauche ;
- Allumez toutes les zones sur le trajet de l'air ;
- Recommencez pied droit, main droite ;
- Passez ensuite à main droite, main gauche ;
- Puis main gauche, main droite ;
- Continuez en inspirant par le pied gauche et en expirant par la main droite ;

- Puis inspirez par le pied droit et expirez par la main gauche ;
- Finissez en inspirant par le bassin et en expirant par le crâne ;
- Gardez votre éclairage tout du long et maintenez le 1 ou 2 minutes une fois l'exercice terminé.

Avec le temps, vous allez sentir votre corps de plus en plus uni, ce qui vous aidera à reposer l'ensemble en répartissant mieux les contraintes mécaniques liées au stress.

3. Les exercices de détente

Après un stress intense ou une période stressante, il est intéressant de permettre au corps de se détendre. En effet, même si vous avez géré le stress opérationnel et que vous avez régulièrement fait les exercices d'entretien, il peut être temps de dire au corps qu'il peut se reposer et n'a plus besoin de se maintenir en état de vigilance quand vous avez terminé une période difficile. Ces exercices vont aider à cela.

Vous pouvez en faire un de temps en temps ou une séance d'environ 45 minutes en enchaînant les trois.

3.1. Apnée pleine et respiration explosive

Ce premier exercice est très efficace pour acquérir un état de détente important assez rapidement. Voici comment l'effectuer. Il prend environ dix minutes.

- Allongez-vous ;
- Inspirez à poumons pleins ;
- Bloquez votre respiration, en apnée pleine ;
- Cherchez à détendre votre corps autour de la pression exercée par l'air dans vos poumons ;
- Dès que ce n'est plus confortable, expirez ;
- Mettez en place une respiration explosive (II.1.1.2) jusqu'à ce que vous ne sentiez plus d'effets de l'apnée ;
- Respirez lentement par le nez ;
- Recommencez 3 fois lorsque vous êtes prêts.

À la fin, observez votre corps détendu et profitez un peu avant de reprendre vos activités.

3.2. Hyperventilations

Ce deuxième exercice est également très intéressant pour mettre le corps au repos. Je ne conseille pas de le faire trop souvent mais il est très bien pour se mettre au repos ponctuellement. L'exercice prend environ un quart d'heure à vingt minutes.

- En position allongée de préférence mais vous pouvez le faire assis (attention simplement à n'avoir rien à côté sur quoi vous pourriez vous cogner) ;
- Inspirez à pleins poumons par le nez ;
- Expirez passivement par la bouche ;
- Recommencez 30 fois environ ;
- Au bout de 30 cycles respiratoires, bloquez votre respiration en apnée vide ;
- Tenez le plus longtemps possible en étant confortable ;
- Inspirez ensuite à plein poumons et restez en apnée pleine une vingtaine de secondes ;
- Expirez encore et tenez le plus longtemps possible confortablement ;
- Recommencez 3 fois.

Les hyperventilations peuvent provoquer des phénomènes de paresthésies dans les membres, vous pouvez avoir des acouphènes transitoires ou d'autres manifestations de ce type. Si cela arrive et que c'est désagréable, contentez-vous de respirer normalement et attendez que cela se termine. Ces phénomènes sont liés à l'exercice et une respiration normale est suffisante pour ramener à un état neutre.

Cet exercice peut se faire par la bouche à l'inspiration mais les effets sont plus intenses.

Là encore, quand l'exercice est fini prenez le temps de profiter avant de reprendre vos activités.

3.3. Visualisation de la vague de repos

Cet exercice est parfait pour terminer une séance de relaxation ou pour terminer une session après les deux exercices précédents. Il va s'agir d'utiliser votre souffle couplé à de la visualisation pour « éteindre » petit à petit votre corps. Cet exercice prend entre dix minutes et un quart d'heure. N'hésitez pas à mettre une musique de fond douce pour occuper votre esprit.

- Allongez-vous sur le dos ;
- Inspirez par le nez et expirez par le nez ;
- Sur l'inspiration, vous allez visualiser un « flux d'air » qui entre par les pieds et qui remonte jusqu'à la tête ;
- Sur l'expiration, visualisez que l'air est expulsé depuis la tête via les pieds en assombrissant tout son trajet ;
- Répétez ainsi les cycles jusqu'à ce que vous ne puissiez plus « voir » ou avoir conscience de votre corps puisqu'il est tout « éteint » ;
- Pratiquez au moins 10 minutes.

Si vous vous endormez pendant l'exercice, cela n'a aucune importance. Notez que s'il reste des zones récalcitrantes, vous pouvez visualisez que vous inspirez par ces zones et que vous expirez par elle en éteignant tout sur le chemin.

4. Les exercices de progression de fond

Comme toutes les réactions de notre corps, la réponse au stress peut s'entraîner. La HRV que nous avons vu précédemment est un indicateur de la capacité de notre SNA à se mettre en situation de stress et à revenir rapidement à l'état neutre qui doit redevenir l'état par défaut. C'est cette habileté que nous souhaitons développer dans cette partie. Les exercices ici sont une bonne base pour ce travail. Vous pouvez là encore en pratiquer un de temps en temps ou vous planifier des sessions où vous enchaînez les trois. Dans ce cas, comptez environ une heure d'exercice.

4.1. La respiration naturelle

La respiration naturelle est normalement la première technique que je souhaite mettre en place chez mes élèves. En effet, elle est à la base d'une respiration capable de réaliser toutes ses fonctions correctement. Bien que ce soit la respiration de base, elle n'est pas facile à faire pour la plupart des gens. Parmi ses nombreux avantages, en ce qui concerne la gestion du stress, elle évite une ventilation thoracique qui entraîne la plupart du temps une augmentation de la fréquence respiratoire et par conséquent une diminution de la HRV de façon continue. Elle permet également de tenir une position correcte au quotidien, ce qui limite les problèmes mécaniques qui peuvent également induire du stress. Elle a donc un rôle de stabilisateur global.

Ici, je vais donc simplement vous donner les indications pour la pratiquer correctement. Cette technique est également visible en vidéo sur le site artdelarespiration.fr ainsi que sur ma chaîne Youtube. Comme c'est une respiration que vous devez utiliser tout le temps, elle peut se faire allongé, assis ou debout.

- Inspirez par le nez en cherchant à vous détendre au maximum ;

- Laissez votre abdomen se gonfler à 360°, autant le ventre que les flancs et le dos ;
- Lorsque cela vous demande trop d'effort de gonfler l'abdomen, laissez votre respiration ouvrir vos côtes et ouvrir ainsi votre cage thoracique ;
- Quand cela va devenir difficile, laissez votre respiration monter dans vos clavicules qui feront basculer en arrière vos épaules si vous gardez un relâchement maximal ;
- Sur l'expiration, laissez ensuite l'abdomen se dégonfler avec le relâchement du diaphragme ;
- Laissez ensuite les côtes se repositionner ;
- Et enfin, les épaules se remettre à leur place ;
- Pratiquez ainsi au moins cinq minutes.

Les passages d'un étage à l'autre doivent être continus et fluides. Si ce n'est pas le cas, c'est que vous « forcez » votre respiration au lieu de détendre le tronc pour laisser la pression respiratoire positionner correctement votre respiration.

La respiration naturelle pratiquée ainsi est donc la première étape d'un corps plus résilient face au stress. C'est l'étape mécanique. Lorsque vous l'avez maîtrisée, vous pouvez la pratiquer lors de l'exercice de la marche respiratoire (chapitre I.1.16) pour l'améliorer et vous habituer à la garder au quotidien.

4.2. 2/6 et 6/2

La mécanique ventilatoire n'est qu'un aspect du problème. Un autre aspect est la capacité du SNA à passer facilement du sympathique au parasympathique. En effet, plus cette capacité est performante chez vous, moins vous aurez de difficultés à vous adapter à une situation stressante et moins vous aurez de difficultés à revenir à l'état de calme.

L'exercice que je vais vous proposer ici permet de travailler cela. C'est un des premiers exercices que je fais pratiquer à mes élèves lorsque l'on aborde le contrôle du SNA. Cet exercice est l'alternance du 2/6 et du 6/2. Dans cet exercice, je vais chercher à calmer mon SNA le plus vite possible pour ensuite le basculer à l'état de stress également le plus vite possible. Cette alternance permet ainsi de prendre l'habitude de passer de l'un à l'autre en une poignée de minutes. L'exercice pour s'entraîner à cela prend environ dix minutes à un quart d'heure.

- Pratiquez cet exercice assis et ne respirez que par le nez. Toutes ces respirations se font en volume pulmonaire courant, vous ne devez donc pas forcer votre respiration ;
- Inspirez sur 2 temps ;
- Expirez sur 6 temps ;

- Pratiquez ainsi pendant environ 3 minutes ;
- Observez votre état, vous devriez sentir que vous vous détendez et que vous êtes moins vif ;
- Passez sans vous arrêter au motif suivant ;
- Inspirez sur 6 temps ;
- Expirez sur 2 temps ;
- Pratiquez ainsi pendant environ 2 minutes ;
- Observez votre état et revenez au motif 2/6 ;
- Continuez l'exercice et dès que vous sentez l'état de calme, changez pour le 6/2. Dès que vous sentez un état d'excitation, changez pour le 2/6 ;
- Pratiquez ainsi et observez que les temps nécessaires pour changer d'état raccourcissent au fur et à mesure.

Avec la pratique, une sorte de conditionnement se met en place qui vous permet seulement en quelques respirations d'être à l'état excité ou calme. Vous pouvez ensuite ajouter de la cohérence cardiaque pour comparer à l'état neutre. Globalement, être capable de faire cela démontre une augmentation de la plasticité du SNA. Cette adaptabilité peut d'ailleurs être ensuite évaluée par votre mesure de la HRV pour avoir une mesure objective de vos progrès.

4.3. Méditation de visualisation du souffle

Nous avons vu une pratique pour améliorer notre adaptabilité face au stress via la mécanique ventilatoire, nous avons vu un exercice entraînant le SNA, maintenant, il reste un exercice pour améliorer la capacité de la partie cognitive à rester calme et à ne pas s'emballer. Cette pratique est une méditation autour du souffle. Globalement, toute pratique méditative bien réalisée aide à maintenir ce calme de l'esprit qui évite de déclencher du stress pour rien. Cependant, je vous propose une seule méditation ici, elle est basée sur le souffle. Cette méditation doit durer entre dix minutes et un quart d'heure minimum. Voici comment la pratiquer.

- En position assise ou allongée ;
- Inspirez et expirez par le nez ;
- N'essayez pas de contrôler votre respiration, laissez-la se faire librement ;
- Observez simplement votre souffle aller et venir ;
- Suivez son trajet ;
- Sentez sa consistance, sa température, sur l'inspiration et l'expiration ;
- Regardez votre corps s'ouvrir et se fermer pour laisser le souffle passer ;
- N'essayez pas de juger la qualité du souffle, laissez seulement faire ;

– Si vos pensées divaguent, prenez simplement le temps d'en avoir conscience, puis revenez sur votre souffle.

Dans cet exercice, ne cherchez pas à juger de la qualité de votre pratique. Essayez simplement d'observer de façon de plus en plus précise et de plus en plus profonde votre respiration. Essayez d'être complètement absorbé par votre souffle, et uniquement par lui. Ainsi, vous entraînerez votre esprit à se focaliser sur une seule chose à la fois et ne pas divaguer sur des éléments potentiellement source de stress.

« Les exercices de visualisation apportent une fluidité dans les mouvements incroyable grâce à la connexion de l'ensemble du corps et de la respiration. Ce n'est plus le corps lourd et mal coordonné (on ne s'en rend pas compte) qui fait le mouvement vers quelque chose mais l'intention portée par le souffle qui « porte/attire » le corps vers le but. C'est difficile à expliquer mais c'est une sensation incroyable qui change complètement sa relation avec son environnement et sa connexion au monde environnant. »

Fabrice

Conclusion

Nous arrivons à la fin de ce livre. Vous avez pu constater que le stress est un sujet complexe et qu'un grand nombre de techniques peuvent être employées pour mieux le gérer. Il est facile de se perdre dans l'accumulation de ces techniques. Néanmoins, j'espère qu'au cours de votre lecture et surtout de votre pratique, vous avez réussi à comprendre les principes derrière ces techniques et donc celles qui sont les plus efficaces pour votre situation à un moment donné.

Au cours des différentes parties, vous avez pu à vous familiariser avec votre stress, les raisons de sa présence et les outils pour mieux le gérer. Comme vous avez pu le constater, une approche globale permet d'avoir des résultats assez étonnants et qui ont la possibilité de durer dans le temps.

La raison est que le stress peut être pris par plusieurs bouts mais qu'au final, ses conséquences sont toujours les mêmes. Une fois le corps assaini du stress chronique, sa gestion au quotidien devient beaucoup plus facile. C'est d'autant plus vrai si vous arrivez à comprendre pourquoi une situation déclenche du stress chez vous. En effet, dans notre environnement, c'est bien cette compréhension qui vous permettra de déclencher à bon escient un état de stress face à une réaction en réponse à une construction sociale et moderne.

Vouloir s'occuper de son niveau de stress est une bonne idée selon moi. En effet, je pense que l'on sous-estime encore l'impact du stress chronique ou même aigu sur le déclenchement d'un bon nombre de maladies modernes. Maintenant que vous avez connaissance des nombreux points d'entrée et d'influence du stress, vous pouvez aussi vous douter de l'ampleur des dégâts qu'il peut faire s'il reste longtemps hors de contrôle. Cependant, une de mes hypothèses est qu'il y a plus grave que ça encore. Le stress modifie notre façon de respirer, nous avons vu que cela a un effet sur notre nerf vague et donc notre SNA et même notre système nerveux central. Les conséquences peuvent se recouper avec un certain nombre de maladies imputées au stress. Toutefois, je ne pense pas que cela se résume à ça. L'aspect ventilatoire et mécanique d'une respiration sous stress chronique a très certainement aussi des conséquences graves sur notre santé. D'un point de vue musculosquelettique bien sûr mais également d'un point de vue circulatoire à cause d'une faiblesse d'utilisation du diaphragme et d'un point de vue de la mise en place d'une hyperventilation chronique. Ce domaine est encore largement sous-étudié mais il serait intéressant de rajouter les pathologies liées à cette problématique dans les conséquences probables du stress.

Au cours du livre, vous avez pu voir qu'il existe beaucoup de techniques. Chacune a sa raison d'être. Certaines sont connues, d'autres ont été développées en fonction des besoins que j'avais pour déclencher certains mécanismes au cours de la pratique de la méthode $REBO_2T$. On pourrait croire que le nombre important de techniques présentées ici est exhaustif mais loin de là. Le stress n'est qu'un tout petit domaine d'application de la respiration consciente et de la méthode $REBO_2T$. Il n'y a donc qu'un tout petit bout du répertoire d'exercices que l'on peut pratiquer pour avoir une vision plus large de la respiration consciente. La pratique de ces techniques peut parfois être subtile. Je vous encourage à visiter le site artdelarespiration.fr et les réseaux sociaux associés afin de trouver des vidéos techniques supplémentaires au cas où certains détails vous interrogent. Vous pourrez aussi de cette façon me contacter facilement si vous avez des questions. Et bien sûr, pour aller plus loin, je vous recommande de suivre des cours ou des stages de la méthode $REBO_2T$ avec les instructeurs de la méthode ou moi-même.

Dans les arts martiaux, on dit que l'on n'y vient jamais au départ pour les bonnes raisons. C'est pareil pour la pratique de la respiration consciente. On y vient au départ pour trouver un outil pour résoudre un problème. En l'occurrence, résoudre le stress par la respiration est une porte d'entrée très commune. C'est par là que moi-même j'y suis arrivé. Néanmoins, une fois le problème résolu, il est intéressant de prendre conscience du potentiel que le travail de la respiration consciente présente pour la santé, le bien-être et l'étude de soi. C'est pourquoi il est très profitable de poursuivre la pratique lorsque le stress est fortement diminué, pour l'entretien mais surtout pour cette prise de conscience et l'exploration du plein potentiel de notre personne par l'approche respiratoire.

Il sera alors temps de prendre la respiration pour ce qu'elle est, non pas un outil, mais une part de vous et en tant que tel, un objet d'étude cachant de multiples surprises.

Je vous souhaite donc une bonne pratique, un état serein et un souffle de curiosité pour vous réapproprier votre respiration !

À bientôt

Yvan

Références

Alcaino, C., K. R. Knutson, A. J. Treichel, G. Yildiz, P. R. Strege, D. R. Linden, J. H. Li, A. B. Leiter, J. H. Szurszewski, G. Farrugia and A. Beyder (2018). "A population of gut epithelial enterochromaffin cells is mechanosensitive and requires Piezo2 to convert force into serotonin release." Proc Natl Acad Sci U S A **115**(32): E7632-e7641.

Allard, E., E. Canzoneri, D. Adler, C. Morélot-Panzini, J. Bello-Ruiz, B. Herbelin, O. Blanke and T. Similowski (2017). "Interferences between breathing, experimental dyspnoea and bodily self-consciousness." Sci Rep **7**(1): 9990.

Balban, M. Y., E. Neri, M. M. Kogon, L. Weed, B. Nouriani, B. Jo, G. Holl, J. M. Zeitzer, D. Spiegel and A. D. Huberman (2023). "Brief structured respiration practices enhance mood and reduce physiological arousal." Cell Rep Med **4**(1): 100895.

Baumeister, R. F. (1984). "Choking under pressure: Self-consciousness and paradoxical effects of incentives on skillful performance." Journal of Personality and Social Psychology **46**: 610-620.

Bechara, A., H. Damasio, D. Tranel and A. R. Damasio (1997). "Deciding advantageously before knowing the advantageous strategy." Science **275**(5304): 1293-1295.

Berceli, D. and M. Napoli (2006). "A Proposal for a Mindfulness-Based Trauma Prevention Program for Social Work Professionals." Complementary health practice review **11**(3): 153-165.

Bernard, C. (1898). Introduction à l'étude de la médecine expérimentale. Paris, C. Delagrave.

Bhavanani, A. B., M. Ramanathan, R. Balaji and D. Pushpa (2014). "Differential effects of uninostril and alternate nostril pranayamas on cardiovascular parameters and reaction time." Int J Yoga **7**(1): 60-65.

Boiten, F. A., N. H. Frijda and C. J. Wientjes (1994). "Emotions and respiratory patterns: review and critical analysis." Int J Psychophysiol **17**(2): 103-128.

Boulet, L. M., M. M. Tymko, A. N. Jamieson, P. N. Ainslie, R. J. Skow and T. A. Day (2016). "Influence of prior hyperventilation duration on respiratory chemosensitivity and cerebrovascular reactivity during modified hyperoxic rebreathing." Exp Physiol **101**(7): 821-835.

Brown, R. P. and P. L. Gerbarg (2005). "Sudarshan Kriya yogic breathing in the treatment of stress, anxiety, and depression: part I-neurophysiologic model." J Altern Complement Med **11**(1): 189-201.

Cannon, W. B. (1932). The wisdom of the body. New York,, W.W. Norton & Company.

Cannon, W. B. (1929). Bodily Changes in Pain, Hunger, Fear and Rage (2nd ed., revised and enlarged). New York: Appleton, Routledge.

Cannon, W. B. (1987). "The James-Lange theory of emotions: a critical examination and an alternative theory. By Walter B. Cannon, 1927." Am J Psychol **100**(3-4): 567-586.

Cohen, S. (1988). Perceived stress in a probability sample of the United States.

Cohen, S., C. M. Alper, W. J. Doyle, J. J. Treanor and R. B. Turner (2006). "Positive emotional style predicts resistance to illness after experimental exposure to rhinovirus or influenza a virus." Psychosom Med **68**(6): 809-815.

Crum, A. J., P. Salovey and S. Achor (2013). "Rethinking stress: the role of mindsets in determining the stress response." J Pers Soc Psychol **104**(4): 716-733.

Damasio, A. R. (1996). "The somatic marker hypothesis and the possible functions of the prefrontal cortex." Philos Trans R Soc Lond B Biol Sci **351**(1346): 1413-1420.

Deepeshwar, S. and R. B. Budhi (2022). "Slow yoga breathing improves mental load in working memory performance and cardiac activity among yoga practitioners." Front Psychol **13**: 968858.

Endler, N. S. and N. L. Kocovski (2001). "State and trait anxiety revisited." J Anxiety Disord **15**(3): 231-245.

Engel, G. L. (1977). "The need for a new medical model: A challenge for biomedicine." Science **196**: 129-136.

Fredrickson, B. L. (2001). "The role of positive emotions in positive psychology. The broaden-and-build theory of positive emotions." Am Psychol **56**(3): 218-226.

Furness, J. B. (2008). "The enteric nervous system: normal functions and enteric neuropathies." Neurogastroenterol Motil **20 Suppl 1**: 32-38.

Gerritsen, R. J. S. and G. P. H. Band (2018). “Breath of Life: The Respiratory Vagal Stimulation Model of Contemplative Activity.” Front Hum Neurosci **12**: 397.

Hakked, C. S., R. Balakrishnan and M. N. Krishnamurthy (2017). “Yogic breathing practices improve lung functions of competitive young swimmers.” J Ayurveda Integr Med **8**(2): 99-104.

Homma, I. (2010). “Breathing and Noh: emotional breathing.” Adv Exp Med Biol **669**: 337-340.

Jacobson, L. (2005). “Hypothalamic-pituitary-adrenocortical axis regulation.” Endocrinol Metab Clin North Am **34**(2): 271-292, vii.

James, W. (1884). “What is an Emotion?” Mind **9**(34): 188-205.

Kannape, O. A. and O. Blanke (2012). “Agency, gait and self-consciousness.” Int J Psychophysiol **83**(2): 191-199.

Kim, H. G., E. J. Cheon, D. S. Bai, Y. H. Lee and B. H. Koo (2018). “Stress and Heart Rate Variability: A Meta-Analysis and Review of the Literature.” Psychiatry Investig **15**(3): 235-245.

Kim, H. J., S. Chung, S. Kim, H. Shin, J. Lee, S. Kim and M. Y. Song (2006). “Influences of trunk muscles on lumbar lordosis and sacral angle.” Eur Spine J **15**(4): 409-414.

Kyrou, I. and C. Tsigos (2009). “Stress hormones: physiological stress and regulation of metabolism.” Curr Opin Pharmacol **9**(6): 787-793.

Lazarus, R. S. (1966). Psychological stress and the coping process. New York, NY, US, McGraw-Hill.

Lazarus, R. S. (1984). Stress, appraisal, and coping / Richard S. Lazarus, Susan Folkman. New York, Springer publishing company.

Lazarus, R. S. and C. W. Eriksen (1952). "Effects of failure stress upon skilled performance." J Exp Psychol **43**(2): 100-105.

Levine, P. A. and C. Sorensen (2017). Waking the tiger : healing trauma. Solon, Ohio, Findaway World, LLC.

Madison, A. A., M. Renna, R. Andridge, J. Peng, M. R. Shrout, J. Sheridan, M. Lustberg, B. Ramaswamy, R. Wesolowski, N. O. Williams, A. M. Noonan, R. E. Reinbolt, D. G. Stover, M. A. Cherian, W. B. Malarkey and J. K. Kiecolt-Glaser (2023). "Conflicts hurt: social stress predicts elevated pain and sadness after mild inflammatory increases." Pain.

Maslow, A. H. (1954). "The instinctoid nature of basic needs." J Pers **22**(3): 326-347.

McEwen, B. S. (2004). "Protection and damage from acute and chronic stress: allostasis and allostatic overload and relevance to the pathophysiology of psychiatric disorders." Ann N Y Acad Sci **1032**: 1-7.

McEwen, B. S. (2007). "Physiology and neurobiology of stress and adaptation: central role of the brain." Physiol Rev **87**(3): 873-904.

McEwen, B. S. and E. Stellar (1993). "Stress and the Individual: Mechanisms Leading to Disease." Archives of Internal Medicine **153**(18): 2093-2101.

McIntyre, R. S., J. K. Soczynska, J. Z. Konarski, H. O. Woldeyohannes, C. W. Law, A. Miranda, D. Fulgosi and S. H. Kennedy (2007). "Should Depressive Syndromes Be

Reclassified as "Metabolic Syndrome Type II"?" Ann Clin Psychiatry **19**(4): 257-264.

Mitchell, T. J. (1931). Medical services : casualties and medical statistics of the Great War / by T.G. Mitchell and G.M. Smith. London, His Majesty's Stationery Office.

Nummenmaa, L., E. Glerean, R. Hari and J. K. Hietanen (2014). "Bodily maps of emotions." Proc Natl Acad Sci U S A **111**(2): 646-651.

Ohman, A. and S. Mineka (2001). "Fears, phobias, and preparedness: toward an evolved module of fear and fear learning." Psychol Rev **108**(3): 483-522.

Park, C., J. D. Rosenblat, E. Brietzke, Z. Pan, Y. Lee, B. Cao, H. Zuckerman, A. Kalantarova and R. S. McIntyre (2019). "Stress, epigenetics and depression: A systematic review." Neurosci Biobehav Rev **102**: 139-152.

Peixoto, P., P. F. Cartron, A. A. Serandour and E. Hervouet (2020). "From 1957 to Nowadays: A Brief History of Epigenetics." Int J Mol Sci **21**(20).

Philippot, P., G. Chapelle and S. Blairy (2010). "Respiratory feedback in the generation of emotion." Cognition & Emotion **August 01**: 605-627.

Sapolsky, R. M., L. M. Romero and A. U. Munck (2000). "How do glucocorticoids influence stress responses? Integrating permissive, suppressive, stimulatory, and preparative actions." Endocr Rev **21**(1): 55-89.

Schleifer, L. M., R. Ley and T. W. Spalding (2002). "A hyperventilation theory of job stress and musculoskeletal disorders." Am J Ind Med **41**(5): 420-432.

Selye, H. (1975). "Confusion and controversy in the stress field." J Human Stress **1**(2): 37-44.

Selye, H. (1998). "A syndrome produced by diverse nocuous agents. 1936." J Neuropsychiatry Clin Neurosci **10**(2): 230-231.

Suls, J. and J. Bunde (2005). "Anger, anxiety, and depression as risk factors for cardiovascular disease: the problems and implications of overlapping affective dispositions." Psychol Bull **131**(2): 260-300.

Szabo, S., Y. Tache and A. Somogyi (2012). "The legacy of Hans Selye and the origins of stress research: a retrospective 75 years after his landmark brief "letter" to the editor# of nature." Stress **15**(5): 472-478.

Thayer, J. F., A. L. Hansen, E. Saus-Rose and B. H. Johnsen (2009). "Heart rate variability, prefrontal neural function, and cognitive performance: the neurovisceral integration perspective on self-regulation, adaptation, and health." Ann Behav Med **37**(2): 141-153.

Trudel-Fitzgerald, C., R. Chen, L. O. Lee and L. D. Kubzansky (2022). "Are coping strategies and variability in their use associated with lifespan?" J Psychosom Res **162**: 111035.

Walker, P. (2013). Complex PTSD: from surviving to thriving. [Lafayette, CA], Azure Coyote.

Table des matières

Direction : Didier Férat
Direction éditoriale : Jean-Philippe Bouchard
Éditeur junior : Corentin Bréhard
Relecture et corrections : *EliLoCom*
Mise en pages : *EliLoCom*
Fabrication : Emmanuelle Laine

Achevé d'imprimer par
Normandie Roto Impression s.a.s.
N° d'impression : 2302640

Imprimé en France